いま、子どもと本を楽しもう

感性と心育ての読書法

片岡徳雄 著

北大路書房

まえがき

いま、日本の青少年の間に、恐ろしい非行や犯罪が起こっています。子どもたちが本来もっていた、誇りややさしさは、どこへいったでしょう。ＩＴ革命で世の中はいかにも便利になるという一方で、この、心の荒廃はどうでしょう。これからの日本はだいじょうぶでしょうか。心の痛むところです。

――だからこそ、「いま、子どもに本を」読んでほしい、というのが本書の言いたいことです。これには、およそ三つのポイントがあります。

第一は、とくに幼いとき「子どもに本を」ということは、「子育ての原点」と重なります。家庭で、父や母が、子どもをだっこして読み聞かせます。親の愛と本の心を、体のふれ合いとことばの音声をとおして、子どもは感じます。親以外の読み聞かせも、そうです。子どもが愛と信頼を実感できる原体験が、ここにあります。心が、子どもに育ちます。

第二に、しかし「子どもに本を」と言っても、大人の目線で押しつけてはいけません。子どもと「ともに楽しむ」あるいは「ともにやりとりする」。そんなゆとりがあって初めて、子どもの読書は、いかにも自由奔放に「感じ、想像し、考え、学び生きる」ものになります。つまり、ゆたかな心が生まれ、鋭い感性が磨かれ、子どもの個性が育つのです。

第三は、こうして「子どもに本」が生きてこそ、「いま」この情報文化の時代に、子どもがたくましく生きる術《すべ》をもった、と言えるでしょう。情報を手早く広く集めることは、コンピュータでできます。しかし、そうして集めた情報をどう組み立て、判断し、困難にうちかっていくのか。それらは、本によって身につけた力や心がやることです。

こんなことを、本書は、個々の絵本や本を手がかりに、具体的に述べたものです。

去年は「子ども読書年」。それにちなみ、高知新聞に「本読む子ども」を連載しました。これに大幅に手を入れ、まとめたのが本書です。

本書が、本に関心のある方、いま子育て中の方、保育士・教師・司書の方、そして広く、子どもの問題を温かいまなざしで見守ってこられた方に、読んでいただけたら幸いです。

最後になりましたが、出版を快諾されました北大路書房・丸山一夫社長、ならびに構成その他、貴重なアイディアをたまわった編集部・田中美由紀氏に、心からお礼を申します。

二〇〇一年四月五日

片岡　徳雄

目次

6　学び生きる

本文イラスト／田中ひろこ

はじめに

なぜ子どもに本か

「おしゃもじの怪」——心を伝え、心が育つ

あなたのお子さんはいま、保育所かまたは幼稚園で、いろんなお話をしてもらったり、たくさん絵本を読み聞かせてもらったり、していることでしょう。

もちろん、あなたもお家で、お子さんを膝《ひざ》にだっこしたり添い寝したりしながら、お話をしたり、本を読み聞かせたり、していることでしょう。

また、お子さんが学校に行ってらしたら、読書指導の時間があって、お子さんは学校の図書室などに自由に出入りし、自分で選んだ本を読んだり、あるいは、先生やボランティアの方から本の読み聞かせをしてもらったり、していることでしょう。

こんな「読書体験」は、どんな形であれ、とても大事なことですね。しかし、お子さんが中学、高校、大学、と大きくなるにつれて、どうでしょう。それこそ本をうんと読んでもらいたい時期に、本が読まれなくなります。いま、若い人の

本離れはひどいものです。こんなことでだいじょうぶだろうか？　ほんとうに心が痛みます。

ところで、子どもにお話を聞かせたり、本を読み聞かせたり、または子ども自身が本を読む。このことは、どうして大事なんでしょう？　最も簡潔に答えましょう。それは、

「心を伝え、心が育つ」

からです。もう少していねいに言いますと、「大人（親や保育者や教師たち）の『語り』をとおして、その心が伝わり、それによって子どもの心が育つ」。だから、大事なのです。

たとえば、私が四つか五つのとき、母が夕食時にしてくれた「こわい話」があります。

「おへんろさんはお四国まわりをするとき、へんろ宿というのに泊まって、自分の食べる分のお米を出して、ご飯をたいてもらう。ところが、あるへんろ宿に悪い女中さんがおって、おへんろさんの出すお米をちょっとずつごまかして、自

分のものにしよった、と。すると、弘法大師さんという、えらいえらいお坊さんが、これを見破って、エイッと術をかけたき、たまるもんか。その女中さんがご飯をよそっておったおしゃもじが、パッと飛んで、自分のひたいに、こうと母は自分のひたいに手をあてがい、

「ひっついた。さァー、どうしても取れん。かわいそうに女中さんは、そのおしゃもじに手ぬぐいをかけて一生、暮らした、と。こわいねェ」

当時は気の利いた接着剤などありません。ですから「ごはんつぶ」の威力に支えられたこの「おしゃもじの怪」は、たいへんなリアリティをもって私に迫ってきました。この話の心。いや、この話に込めた母の心。「公正な、あるいは裏表のない生活をしなさい」。この心がその後、果たして私の心に立派に育ったか自信はないのですが、このとき、ゾクゾクと伝わってきたことだけは確かでした。

もちろん、ことさらこんなお話や絵本をとおさなくっても、あなたは日ごろいろんなことで、お子さんとことばを交わし、あなたの心を伝えているはずです。しかし、それは、とりとめもないやりとり・会話なんです。あなたのするお話や

読み聞かせる絵本は、「語り」つまり「まとまった話」。このちがいが、とても大事なところです。

それはとにかく。私は昭和一けた生まれで、先の話を聞いたのは昭和十年ごろ。児童向きの絵本も少しは出回っていました。しかし、こんな昔話や言い伝えが、親や古老の口をとおして、まさに「いろりばた」でよく話されました。「お話」をとおして「心を伝え、心が育つ」ほうが、当時はまだまだ多かったと思います。

しかし、今はすっかりちがいます。「お話」よりも絵本です。私も自分の子どもが幼かったころ、「お話」よりも、絵本を読み聞かせました。もちろん、どんな絵本を選ぶかにも、またどんなに心をこめて読み聞かせるかにも、一人ひとりの親の心はこめられます。しかし、私なんかが一人で考えた「伝えたい心」よりも、絵本には大事な「伝えたい心」が、すぐれた形で、しかもいろいろ豊かに整えられています。この点、今の子どもは幸せです。「おしゃもじの怪」ぐらいでしびれていた私が子どものころとは、比べものになりません。その証拠を、さっそく次にお見せしましょう。

『おつきさま　こんばんは』

――絵本で育つ感性の働き

立派な絵本が大事な心を伝え、子どもの心が育ちます。つまり、子どもの心に絵本が生きる。谷地元雄一『これが絵本の底ぢから！』☆1はこのことをありありと語ってくれます。たとえば、こうです。

ある晩、谷地元さんが二歳のわが子に「あ、お月さんが出ているね」と言いますと、子どもは月を見つけ指さして、「こんばんは」と言い、ペコリと頭を下げ、「ニャーニャーニャオン」と鳴きます。保育所の保育士に聞くと、「あっ、それは『おつきさま　こんばんは』★1です。この子が今、とてもお気に入りの本なんです」と言ってくれたそうです。

この本は、お月さんが出たり隠れたりするのに合わせて、二ひきの猫が「おつきさま、こんばんは」とか「くもさん、どいて」とか言って、いろいろ反応するのです。もっとも、「ニャオン」はこの本にない、この子の創作でしたが、お月さまにあいさつするやさしい心が、素直に生まれていたのですね。

『ぼくのおじいちゃんのかお』[★2]は、俳優の加藤嘉さんがモデルです。一つの見開きの、一方はおじいちゃんの顔のアップ、もう一方はそれを見た孫（子ども）の観察文、でできている本です。

　初めのほうでは、「おじいちゃんは、よくわらう」「あ、またねてらァ」など、子どもたちは笑って見ていますが、終わり近く、「おじいちゃんは、ときどきとおくをみています」「ないているときもある」の二場面になると、子どもたちは笑い声も立てず、真剣に見だすそうです。ある乳児保育園で、この本を二歳児に読んだところ、この終わりの場面で、子どもたちは「カワイソー、カワイソー」と、絵本のおじいちゃんの頭をなでたといいます。人をいたわる心、人を思いやる心が、こんな幼い子どもにパッと花を咲かせたのですね。

　あるとき、谷地元さんが勤める保育園の近くの林の中に、四、五歳児たちが「お家」を作り、遊び始めました。ところが、しゅうくんという五歳児は、入園して五か月たっても仲間に入ることができない子で、このときも、同じ林の中で一人遊びを始め、「あれー、どこかな」「みーつけた」など、かすかに言っていました。と、その「お家」から出てきた一人の男の子が「何やってるの?」。ふだんなら黙るはずのしゅうくんは「どうぶつたちと、かくれんぼしてたんだ」。男の子は「そう、もうおそいから」としゅうくんの手をとり、「お家」の中に二人して入って行きました。

　仲間遊びができ始めたことを喜んで、しゅうくんのお母さんに伝えますと、この子が好きで今しきりに読まされている『もりのなか』[★3]みたい、と答えられたそうです。これは、〈小さい男の子「ぼく」が、一人でラッパを吹いて、森の中に入って行くと、らいおん、ぞう、くま、かんがるーなど、次々に動物と仲良しになり、最後はかくれんぼをして別れる〉という本です。仲間に入れないしゅうくんの心をいやしていた本。今やこれを手がかりに、しゅうくんは仲間遊びをする心を自分のものにしたわけですね。

　子どもの心に生きる絵本は、子どもが大きくなっても生き続けます。谷地元さんが、卒園児で今は中学生のKちゃんに会ったとき、かわいがってもらっていたおばあちゃんが亡くなったと聞き、慰めますと、「でも、わたし、元気だよ。『だいじょうぶ、だいじょうぶ』って言える人になるんだ。『こんとあき』[★4]みたいに」と言ったそうです。

この本は、Kちゃんが保育園児だったころに出版され、女の子にとても人気がありました。あきという女の子と、こんというぬいぐるみが主人公。あきにとってこんは、「だいじょうぶ、だいじょうぶ」と励ましてくれる存在。まさに、愛と信頼を与えてくれる本なのです。小さいころに出会ったこの本の励ましが、大きくなったKちゃんの心の中に生き続け、自立への大きなきっかけになっていますね。

以上、「やさしくあいさつする心」「いたわりの心」「仲間に入る心」そして「自分を励ます心」……。こんな大事な心——というより「感性」の働き——が、幼い子どもたちの大好きな絵本によって、芽生え、育っているんです。この「感性」についてはこの本のあと（89ページ）で詳しくふれますが、ともかくも、絵本の力ってすごいですね。

『橋をかける』――本で育つ心の働き

幼児と絵本はそれくらいにして、もう少し大きくなった子どもはどうでしょうか。本は子どもに、どんな心を育てるでしょうか。この点については、あなたも読まれたか、または放送を聞かれたのでは、と思いますが、美智子皇后『橋をかける――子供時代の読書の思い出』☆2が、たいへん参考になります。

それによりますと、皇后は太平洋戦争中に子ども時代を過ごされ、疎開先で父上から戴いた本は、日本の神話伝説や『日本少国民文庫』の二、三冊でしかなかったようです。しかし、読まれた本の思い出はじつに鮮明で、それをじゅんじゅんと語られながら、子どもの読書の意義について、次のようにまとめられています。すなわち、それは

〈自分自身を支える根となり、

喜びと想像の翼となり、

痛みをともなう愛を与え、
これからの人生の複雑さに耐え、
それぞれの人生を受け入れ、
平和を育てる道具となる〉
というのです。このそれぞれの「まとめ」の項目には、ご自身の子ども時代に一つひとつなさった読書体験が、それぞれしっかり裏づけられています。とくに、オトタチバナヒメの話やでんでん虫の話についてのご感想などは印象ぶかく、だから、私たちは〈なるほど、なるほど〉と深くうなずくことができます。

しかし、私は、個々の個人的体験の内容を離れて、もう少し押しならした、本の影響について語れないだろうか、と考えてみました。どんな子どもでも、本を読み聞かされたり、本を読

むことで、「心が育つ」という、その「心」とはどんなものか。「心の内容」ではなくて、「心の働き」としてまとめたら、どうだろう。こうして、本によって育つ「心」とは、

1　ことばを知り、
2　ことばを楽しみ、
3　ことばによって、感じ、想像し、考え、学び生きる、

ということではないだろうか。

もしもそうだったら、こういう心、詳しくは心の働きによって、人間が人間になるのですね。幼児でも、子どもでも、そして大人でも、人は本に接することで、「ことばを知り、楽しみ、そして、感じ・想像し・考え・学び生きる」という働きをとおして、人としてとても大事なさまざまなものを自分のものにしていくのですね。たとえば、さきにあげた、あいさつ、いたわり、仲間入り、励まし。皇后の言われる、自分自身の準拠、喜び、愛、忍耐、受容、平和。その他、さまざまな真、善、美にかかわる価値あるもの。こういったものを、自分の感性や自分の心にしていくのですね。

子どもの読書体験は、この意味で、とても大事な文化体験――よいものにふれ、味わう体験なんです。

「お腹に耳をつけて聞く」――本と子育て

絵本や本によって「心を伝え、心が育つ」。このことを、今までずっと話してきましたが、少し気になることがあります。それは、この本の一ばん初め。「お話」にしろ「絵本」にしろ、あなたの「まとまった話」つまり「語り」は、あなたが日ごろいろんなことで子どもとことばを交わす「やりとり・会話」よりも、ずっとあなたの心を伝えるもの。こう言って、私が話を起こしたことです。

もちろん、このことにまちがいはないのですが、誤解があっては困ります。お家でも、保育所でも、そして学校でも、親と子、保育士や教師と子ども、との間の「やりとり・会話」があってこそ、あなたのお話や読み聞かせの「語り」は成り立つのです。もっといえば、子どもとの温かい愛にあふれた関係があって、あるいは、そういう関係をいっそう確かなものにするために、親や保育士や教師の「お話」や「読み聞かせ」があるのです。このことを、見失ってはたいへんです。

この点を、児童文学者・松居直さんはズバリこう言っています。

「絵本の世界に入るまえに、まず子どもに語りかけ、歌いかけることからはじめてください。ここに〝お母さん〟がいますよ、というお母さんの存在感をはっきり示してほしいものです[☆3]」

「温かい人間関係と、心のこもったことばのやりとり、絵本から受ける喜びの中で、絵本のことばや絵は子どもに生き生きと語りかけ、心に焼きついていきます。子どもは絵本の世界を自分のものにしていきます。同時に、その絵本を語り聞かせてくれた人――お母さんやお父さん――の印象も、心に焼きついてしまいます[☆4]」

ほんとうにそうですね。子どもの読書体験はりっぱな文化体験――よいものにふれ、味わう体験なのですが、それと同時に、とても大事な社会体験――温かい愛と信頼にふれ、味わう体験でもあるのです。

だから、版画家・山本容子さんの読書体験がおもしろいです。彼女は幼児期、お家の大人たちに絵本を読んでもらうとき、かならず読み手のお腹に耳をあてがい寝転がって聞く。そうすると、読み手の声がお腹から響いてきて、すごくよかったそうです。これはたんに腹と耳の合体だけでなく、読み手と聞き手、二人の「心身一如」の姿を示していますね。[☆5] このほかにも、親が子をだっこしていっしょに絵本を見る。親が子の手を握って読み聞かせる。添い寝をしてお話する。といった姿など、すべてこれ、読み手と聞き手との愛と信頼の人間関係を示す、とても大事な姿なんでしょうね。

絵本のさまざまな世界もまた、このような温かい人間関係によって、子どもの心になっていきます。たとえば、グリム童話など、どんなこわい残酷なお話でも、愛と信頼の親子関係があったら、子どもは平気です。『めっきらもっきら　どおんどん』[★5] は、男の子が三人のへんな化け物たちと遊び、ふとお母さんに会いたくなる、という話です。ある子はこの話を「三人のばけもののこと、お母さんに話してあげる話」と言ったそうです。[☆6] この絵本のねらいそのものが、想像の世界に遊んだあと、お母さんのいる現実にもどる、というところにありますが、なんと巧みなまとめでしょう。たしかに、子どもは絵本によっていろんな世界をどんどん知るようになりますが、じつはその底に、母と子の温かい安定した関係がある。このことを、子どもなりに「まとめ」たことばとも言えますね。

このような、絵本をめぐる親子の人間関係こそ、家庭における、いやすべての、子育ての原型なのです。近代教育学の始祖・ペスタロッチは、教育の原点をこう言っています。〈家庭における親と子の関係、人と人との間近にふれ合う温かい関係、の中にこそ、人間の心（直観や感性や良心など）を培う原点がある〉

また、映画「男はつらいよ」を四半世紀、描き続けた山田洋次監督は「人が成長する背景には、変わらぬ風景と、変わらぬ人間関係が必要だ」と言っています。[☆7] あのフーテンの寅《とら》にも、「変わらぬ」柴又の風景と人間関係があり、それによって、寅は成長こそしませんでしたが、人として優しく生きる心は支えられました。それは彼にとって「人と人との間近にふれ合う温かい関係」だったのですね。

もちろん今は、ペスタロッチの時代でもありませんし、「柴又」のようなコミュニティも少なくなりました。社会も家庭も、ずいぶん変わりました。しかし、子育ての、この原点は不変です。こういう支援と抱擁の不動の関係があってこそ、人は人になれるのです。子どもの読書体験もまた、この原点の一つです。いや、その一つになってほしいです。

逆に言えば、私たちの社会はいま、映像と情報の社会になりました。テレビとコンピュータの時代です。「本離れ」の社会です。だからこそ家庭や学校で「子どもに本を」体験させることは、子育てのなかでとても大事になります。この点は「おわりに」再び詳しく考えるつもりです。

ところが、どうでしょう？　多くのお父さんやお母さんのなかには、「本と子育て」の原点を忘れた方が多いのではないでしょうか？　いや、教育専門の保育士や教師の方々のなかにさえ、この原点はおろか、本のもつ意味すら、忘れた方がいるかもしれません。たとえば、あなたご自身はどうでしょう――

「本の読み聞かせの大事さは、よくわかっていますか」

「忙しい、疲れた、と言って、心のこもらない読み聞かせになってはいませんか」

「子どもと向き合い、子どもの目をよく見て、読み聞かせをしていますか」

「読み聞かせをして、子どもの個性や関心に、新たに気づくことがありましたか」

「読み聞かせをして、子どもとの間に、新しい話題が生まれ、広がりましたか」

「子どもが早く字を覚えたらいいと、あせり、押しつけてはいませんか」

「テレビ子守になったり、テレビのつけっぱなしになったり、してはいませんか」

「あなたご自身、週刊誌のほかに、本を読むことがありますか」

いろいろ欲を言えば、きりがありません。これくらいにしましょう。しかし、もう一つ。どうしても言っておきたいことがあります。それは、とりわけ子どもが一人で本を読み始めたころ、私たちが注意したいことなんです——

読者の権利十か条——勝手気ままに読む

言うまでもありませんが、この本のねらいは「子どもに本を」というわけです。しかし、考えてみますと、これは子どもにとっては、降ってわいた話で、もしかすると「はた迷惑」な話かもしれませんね。

かつてルソーは、そのことを皮肉に、こう言いました。「読書は子どもの時代の災厄《さいやく》であり、しかも、大人が子どもに与えることを知っている、ほとんど唯一の仕事である」。今から二百五十年前のフランスの昔から、大人は子どもに「本読め、本読め」の攻め太鼓を鳴らしていたんですね。

「しかし」とルソーは続けます。「この道具（読書）が子どもの楽しみに役立つようにしなさい。そうすれば、やがて、あなたが反対しても、これに専念するようになる☆8」

そうなるために、この本も、及ばずながら考えるつもりです。しかし、そのは

じめにあたって、一つだけはっきり言っておきたい前提があります。それは、
「読む権利はあるが、読む義務はない」
「読書の押しつけはひかえたい」

このことにかかわって、ダニエル・ペナックというフランスの児童文学者でもあり、高校国語教師でもある人が、「読者の権利十か条」ということを言っています[☆9]。とてもおもしろいので、少し私流になりますが、紹介しておきましょう。

〈第一条「読まない権利」。いくらすすめられても、読む読まないは、読み手の自由。まして、読書しない人を「劣る」とみてはいけない。

第二条「飛ばし読みする権利」。退屈なところ、役に立たないと思ったところ。そんなところは、遠慮なくドンドン飛ばす。

第三条「最後まで読まない権利」。本はいやになったら、途中で投げ出してよい。こう考えるだけで、だいぶ気が楽になる。

第四条「読み返す権利」。気に入った本は何べんでも、くり返し読む。それが愛読書というものだ。

第五条「手当たり次第に読む権利」。国語教科書の文学教材にこだわるな。古典でも、児童文学でもけっこうだが、大衆文学、推理小説、こっけい本、なんでもござれ。

第六条「ボヴァリズムの（どっぷりつかる）権利」。その本に、ほれ込んだら命がけ。

第七条「どこで読んでもよい権利」。机の前だけ、と考えない。

第八条「あちこち拾い読みする権利」。気にいったところを拾う。短編集、エッセー集、論文集、事典などのあちこちを。

第九条「声を出して読む権利」。ただし、みんなでの一斉音読はナンセンス。

第十条「黙っている権利」。これがよい。読書したら、必ず「感想を」「感想文を」と、教師は強迫しがち（この点、多くの学校で実践中

の「朝読（あさどく）」はいい。ただ読むだけだから。これについては50ページで詳しくふれます）〉

　さて、私もこのようなペナック先生を見習って、押しつけがましい「本のすすめ」はしたくないのですが、以下この本では、一応、六つの順序をつけておきました。まず、親や教師が子どもの本にどのように「1　かかわり話す」か。次に、子どもが本をどのように「2　楽しむ」か。そしてその後、本を読んでのさまざまな思考――「3　感じる」「4　想像する」「5　考える」「6　学び生きる」――について、それぞれの本に即して述べてみる、という組み立て。この順序は言うまでもなく、すでに述べました（12ページ）、絵本や本によって育つ「心の働き」に従ったものです。

　しかし、読書という文化体験は、どんな体験もそうですが、とても複合的なもの。だから、たとえば『ラヴ・ユー・フォーエバー』という本は「感じる」項目に入ってはいますが、同時に「考える」「学び生きる」本であってもよいのです。しかも、私の取り上げた本も、そこに付した感想や意見も、すべて私の勝手気ままなもの。（なぜこの本が?）（こんな読み方もあるの?）あるいは（大人はともかく、子どもはそうかな?）など、あなたのほうもどうか自由でいてください。

くり返しますが、以下の項目の配列や感想などに、あなたは少しもこだわる「義務」はなく、どうか自由に読む「権利」をたいせつになさるよう願います。読書指導の専門家でもない私が、「子どもの本」や「子ども文化」に興味をもって、子どもの本を自由に選び、うんと楽しんで、勝手気ままに「感じ・想像し・考え・学び生きた」ことを書いたまでのこと。子どもの読書もそんな「勝手気まま」でいいんだな、と思っていただけたら、それだけでうれしいです。

［注］

☆1 谷地元雄一 著・堀川 真 絵『これが絵本の底ぢから！』福音館書店 二〇〇〇年による。

☆2 美智子『橋をかける―子供時代の読書の思い出』すえもりブックス 一九九八年

☆3 松居 直『わたしの絵本論』国土社 一九八一年 八頁

☆4 前掲書 一二頁

☆5 『別冊 太陽112―読み語り絵本一〇〇』平凡社 二〇〇一年 一二四頁

☆6 谷地元雄一 前掲書

☆7 山田洋次『寅さんの教育論』岩波ブックレット 一九八二年 一三頁

☆8 J・J・ルソー（樋口謹一 訳）『エミール』第二篇 白水社 一四〇頁

☆9 D・ペナック（浜名優美ほか訳）『奔放な読書』藤原書房 一九九三年

1

かかわり話す

本を読み聞かせるとき、大事なことは？

『ジュゲムジュゲム』——本との出会いをもたらす人たち

「子どもが本を好きになる」。その一番手っ取り早い方法は、なんでしょう?児童文学者の石井桃子さんは、自分の家にある図書を、近所の子どもたちに開放した体験から、こう言っています。

〈子どもがまだ字が読めるか読めないかの小さいとき、お母さんが本を読む、話を聞かす。そういう幼児体験をもった子は、大きくなってお母さんが本をすすめなくても、本の世界にスーッと入ってきます[☆1]〉

そんなものかもしれませんね。私自身の遠い思い出にも、それがあります。

小学校に入る前後、父はきげんの良いとき、私の寝床に入ってきて「話をしてやろう」。(また、あれか)とわかっているので「もう、えいキ」と断るのですが、父はおかまいなくニコニコと『桃太郎』の話を始めます。桃が流れてくるところを「ドンブラコッコ、スッコッコ」と何回もくり返すのが癖でした。

もう一つ、父の得意は『ジュゲム』。子どもの名前がやたら長い落語です。「ジュゲム、ジュゲム、ゴコウノスリキレズ、カイジャリスイギョノ……」と父はおもしろがって話します。もっとも、そんな話が幼い子に受けるわけもないのですが、これも不思議。十二、三歳ごろになって私が落語本のおもしろさに取りつかれたのは、「父のジュゲム」がよみがえり、「（落語）本の世界にスーッと入って」いったのでしょうか。もっとも、この時の父は「そんな本よりもっと別を」と苦い顔。親は時に、得手勝手なものですね。

母もよく話をしてくれましたが、四、五歳ごろ、よく聞かされたのは「桜井の別れ」。いつも歌つきでした。「青葉しげれる桜井の……正成、正行呼びよせて……」母はよい声でも、うまい歌いぶりでもなかったのですが、この親子の別れの歌を聞くと、親に呼びよせられ、さとされる子の立場が私に乗り移るのか、意味もわからないまま、しみじみとした気持ちになりました。

幼稚園に入ったころ、母は「キンダーブック」を買い与えてくれましたが、これにはあまりなじめませんでした。私の本との最初の出会いは、幼稚園もそろそろ卒園というある日。今でいう自由保育の時間、園庭からぶらっと自分の教室「すみれ組」に入りますと、先生が数人の子どもに囲まれて、本を読んでおられる。『桃太郎』でした。この時の先生の読み方もよかったのでしょう。何回となく「もっと」「もっと読んで」と私たちはせがみました。絵もよかった！　桃太郎のほっぺはリンゴのように赤く、犬、猿、キジもいきいきしています。以後、私は「講談社の絵本」のとりこになり、本を楽しむようになりました。

思い出話が長くなりました。もちろん、私の幼少時の家庭生活が今の子どもの家庭生活に、そのまま移しこまれるなんて、とても考えられません。親子がともに過ごす時間をもつことが、むずかしくなりました。しかし、いや、だからこそ、お父さん、お母さんが、本を読んでやったり、お話をしてやる時間をもつことはとても大事なことです。

子どもはお父さんやお母さんが好きです。そのお父さんやお母さんが本を読み、お話を聞かせる。このとき、子どもは、親の愛情を知るとともに、本やお話を好ましいものとして受け取ります。親といっしょに本やお話が、子どもの心の中に入ってきます。そして、子どもの心そのものになります。幼い私が、知らず知らずのうちに、父の「落語」や母の「桜井の別れ」を受け入れていったように、です。

先生の役割も、これに劣らず、とても大事です。だってそうでしょう。私を「本好きな子」にしたきっかけこそは、お名前も忘れましたが、「すみれ組」の先生でした。父や母ではありません。私たちの心をひきつけてやまない、「すばらしい絵本」を「読み聞かせる」先生の力でした。その意味で、幼稚園や保育所の保育士たち、いろんな図書館の司書たち、それに小学校の低学年の教師たちは、「子どもの本との出会い」のうえで、大きな力をもっています。

しかし、このごろはなんでも「忙しい、忙しい」で、学校の先生方が受け持ちの子どもたちに、本を読み聞かせることが、少ないのではないでしょうか。よく耳にするのは、ＰＴＡのお母さん方やボランティアの方々が、小学校で「本の読み聞かせ」をなさるそうです。子どもたちもたいへん喜ぶし、話し手も楽しく懸命に話し、「ほんとうに満ち足りたひとときを過ごします」と、ついこの前、お聞きしました。今の子どもたちにも、幸せな「本との出会い」があるんですね。

「ぼく、カルレット」——言ってはならぬ「おもしろかった？」

子どもの読み物は、幼い時からだんだん変わってきます。当たり前のことですが、心理学者の乾孝さんはその移り行きを、こんなことばで言っています。①グリム昔話の時代、②アンデルセン童話の時代、③ロビンソン・クルーソー物語の時代。

ここにあげられた「グリム」「アンデルセン」「ロビンソン」に限ることはありません。幼児から小学校の低、中、高学年にかけて、子どもの好んで読む本は、①最初は絵本や昔話、②次は童話、③その次は少年少女向きの物語、というように変わっていく、というのです。

さて、最初の絵本や昔話のとき、子どもは字がまだ読めません。だから「読み聞かせ」いや「見せ聞かせ」になりますね。

このとき交わす親子の対話は、とても大事です。

一人のお母さんが絵本を手に、幼いわが子に「見せ聞かせ」をしています。
母「むかしむかし、あるところに、カルレットという名前の男の子がいました」
子「ぼくのような子？」
母「そうよ」
子「それ、ぼくだったんだ」
母「そう、あなたよ」
子「なにをしたの？」
母「いま、おはなしするわ」
こんな割り込みを差し止めずに、これを受け入れつつ、先に向かって楽しく進めましょう。
母「カルレットはとてもりっぱな旅人で、世界のいろんな所をまわり、お猿さんやライオンを見ました」
聞いている子どもは、もう黙ってはいられま

せん。カルレットに乗り移って、「ぼくは象を見たの？」
母「そう、象もよ」
子「キリンは？」
母「もちろん見たわ」
子「それから？」[☆2]

こうして、子どもは母の語るお話の先取りをしたり、そこからわき道にそれたりしながら、それを一つ一つ受けてくれる相手のことばによって、想像の翼をどんどん広げていきます。

この点、本とテレビを比べてみましょう。たとえば、テレビ「まんが日本昔ばなし」はとてもおもしろいですが、これを見ている子どもは自分の思いついた考えや疑問を投げかけることはできず、たとえ投げかけても、声優・市原悦子さんが答えるわけもありません。テレビは、視聴する子どもの心を巻き込んでも、子どもを自由に想像させるゆとりがない。「テレビ子守」というものの心配は、ここにあるわけですね。

もっとも、親が子どもに「読み聞かせ」をし、対話が生まれるとき、注意したいことがあります。それは、あまりにもストレート（直接的・直線的）な問いかけや、自分の感想の押つけです。これを、私たち大人はついやってしまうのです。たとえば、「どうだった？」「おもしろかった？」「おもしろかったでしょう!!」「〜ってしってる？」「ここ、よくわかった？」など。

子育てに熱心なお母さんや、本の大好きなお母さんなどに、ついありがちなことかもしれません。お母さんだけではありません。学校の国語の授業でも、これはしばしば見かけることなんです。専門の先生方はむしろ、このせっかちな質問が癖になっているようです。

子どものせっかくの読書体験です。主人公は、親や教師ではなく、子どもなんです。親や教師からの「かかわり話す」雰囲気は、言ってみればフワーッとしたものがよいでしょう。先の〝カルレット〟を読んでいるお母さんの「かかわり話す」口ぶりをもう一度、見てみましょう。彼女はほとんど「そうよ」「そう」とうなずいてばかり。ここを学びたいですね。

『だくちるだくちる』――本読みは「読み合いの場」

ロシアの詩人ワレンチン・ベレストフの詩をもとに阪田寛夫が文を書き、長新太が絵を描いた『だくちるだくちる』[★1]は、さびしかった恐竜が友だちを見つけ、とてもうれしくなる話です。この詩の本来のよさは、私にはとてもわかりませんが、筋はこうです。

〈人間がまだいない大昔、イグアノドン（という恐竜）がいた。「どがーん　どがーん」という火山の音だけで、だれの声もしないから、イグアノドンはさびしかった。

ところがある日、小さな（恐竜）プテロダクチルスが飛んできた。彼は「だくちるだくちる」としか鳴かないが、イグアノドンはその声を聞いて「ばんばん」うれしかった。だって、それは、イグアノドンの「初めての友だち」であり、「ドガーンの他に初めて聞いた音」であり、「初めての歌」だった。

人間の生まれるずっーと前の話……〉

さて、この絵本を、村中李衣さんが親としてご自分のお子さん（七歳の妹と十一歳の兄）に、読み聞かせました。その時のやりとりが書かれています。

〈「どがーん　どがーん　やまのおとだけで……だれのこえもしない。ずーっとむかしは　やかましいけれど　さびしかった。イグアノドンは　さびしかった」

と、村中さんは読んだところで、（あれっ）と思い、言いました。

「『さびしい』って気持ち、自分しかおらんで、ほんとに、あるんやろうか」

兄妹は、これには黙っていました。さらに続けて読みます。

「ちいさなプテロダクチルスが　とんできた。イグアノドンは　ちいさなともだち　みつけた」

すると妹が言いました。「もしもだよ、自分しかおらんで、ひとりなのがあたりまえになっちょって、……急に別のもんが現れたら、そりゃぁ、びっくりして、こわいと思うよ」

今まで黙っていた兄が「ばか。自分しかおらんかったら、『自分』なんてわからんちゃ」

さらに本読みが進みます。「（友だちになったプテロダクチルスがさえずる）だくちるだくちる。イグアノドンが　どがーんのほかに　はじめて　きいた　おと」

すると、兄が言いました。「イグアノドンは、自分の足音、聞いたことなかったんかな」

続いて妹。「イグアノドンは、自分の鳴き声も、聞いたことなかったんかねえ[☆3]」〉

なんともおもしろい会話が、親子の間でかわされていますね。たしかに、「だれも他にいない世界で、さびしいとか、友だちができてうれしいとか、そんな感情があるだろうか？」「自分の足音、鳴き声を、聞いたことがなかったろうか？」これらは、この原作を根本からゆさぶるほどの問いです。こんなすごく自由な想像のやりとりが、この絵本を仲立ちにして、親子の間にくり広げられたのです。

いま、私たちは、親子の間、家族の間で、語り合いをなくしつつあります。お互いの心にふれ合い、心を育てることをなくしつつあります。その意味で、この親子の「読み聞かせ」いや「読み合い」はとてもおもしろいですね。

この著者、村中さんは、当初、「読書療法」というものにかかわられました。教護院に入所している子や、病院に入院している学業困難児への、一つの指導技術です。その子の治療に見合った主題をもつ本を選んで、本を読んでやったり、読ませたりするのです。しかし、だんだん、「人と本との出会いは、そんなやせっぽちなものでよいだろうか」「聞き手の子どもを『黙った受け身』のままにしておいてよいだろうか」そう思うようになりました。むしろ大事なのは、「本の読み合い」という「場づくり」だ。相手と自分とで作る場の中でお互いどこまで育ち合えるかだ。という結論に達しました。今では、この考えを狭い治療以外に推し進め、「絵本を、夫婦で、親子で、子どもたちで、そしてお年寄りたちで、読み合う」。そういう実践を進められています。

ほんとうに、「読み合いのあるところ、心が生まれる」。学校荒廃、学級崩壊があちこちに見られる今日、この「読み合いの場づくり」という考えは、学校でもぜひ生かしたいですね。子どもの読書は、教師や仲間との人間関係でもあるのですから。

『ねずみくんのチョッキ』——保育者の対話の技術

お母さんがわが子に絵本を読み聞かせるとき、親子の対話がとても大事だと申しました。このことは、保育所や幼稚園で、保育者が大勢の幼児たちに読み聞かせをするとき、同じく大事なことです。

ここに『ねずみくんのチョッキ』★2という絵本があります。ページをめくるごとに、いろんな動物が現れては、ねずみのチョッキを着たがる話です。右のページはことば、左のページは絵。左右二ページ一組で、話が進むようになっています。

たとえば、第一ページには、こんなことばだけが書いてあります。「おかあさんがあんでくれたぼくのチョッキ　ぴったりにあうでしょう」。その横の第二ページは、なにもかいてない大きい余白の下に、ちーっちゃいねずみが赤いチョッキをちょこっと着ている絵なんです。それをめくると、第三ページにはこんな会話。「いいチョッキだね　ちょっときせてよ」「うん」。次の第四ページには、あひるがねずみのチョッキを引っ張っている絵。というような具合です。

さて、この同じ絵本を使った二人の保育者の、話し方のちがいと子どもの反応のちがいを、比べてみましょう。ある園の二つの年長組でのことです。

まず、A先生――。

A（最初のページを開け）「おかあさんがあんでくれたぼくのチョッキ、ぴったりにあうでしょう」と本をそのまま読み、「かわいいね」とひとこと付け加える。

子どもたち「かわいいね」

A（ページをめくり）「ねえねえ『いいチョッキだね』ねずみくん『ちょっときせてよ』『うん』『いいよ』」と、ほとんど本どおり。

子どもたち「……」

ところが、B先生――。

B（最初のページを開けるが、ねずみの絵のところを親指で隠し）本のとおり読む。

子どもたち「見えない」「見えない」

B「どこに、ねずみさんがいるかっていうとぉ――?」

子どもたち口々に「おやゆびぃー!」

B「ジャーン!(親指をはずし)ここにいるの」。子どもたち「ちっちゃい」

B「ちっちゃいチョッキだね」。子どもたち口々に「これぐらい」

B(ページをめくり)「『いいチョッキだね。ちょっときさせてよ』とあひるさん」

とここで黙ると、子どもたち「だめ」「いやだよ!」「やだよー」

B「ねずみさんは『うん』『いいよ、と答えました」すらりと言う。

子どもたち「うん」「いいよ」

B(ページをめくろうとするが、ふと止めて)「着られるかな?」

子どもたち「着られない」「切れちゃうー」とやかましい。☆4

AB、二つの組のちがいは、言うまでもありません。B先生は、対話を大事にし、子どもたちにいろいろ想像させたり、発言させたりしました。ところが、A先生だってそれは、頭ではわかっていたが、実際はうまくできなかった、というのかもしれません。そこが大きなちがいでした。

じゃぁ、いったい、B組の子どもたちがこんな活発な対話、想像、発言ができたのは、どうしてでしょう？　その答えは、B先生は、子どもたち聞き手の「気を引く」のがおじょうず。このポイントを、もう一度、詳しく確かめてみましょう。

まず、最初の出だし。「ぼくのチョッキ」と読みながら、ねずみの絵を指でかくしている。子どもたちは「見えない」「どこに」とあせります。

次に、あひるが「着せてよ」と言っても、ねずみの答えをすぐには言わない。この間、子どもたちは「いやよ」とか「いいよ」とか。それぞれ想像上の「お答」は勝手次第です。

さらに、ページをめくる手を止めて、「あひるさん、着られるかな」と気を持たせる。子どもたちは「着られない」「切れちゃう」。もう想像上のパニックです。

まことに、ここで見ました「気を引く」「気を持たせる」ということは、これにかぎらず、「読み手」「語り手」の対話技術の大事な心得と言えるようですね。

じょうずな読み聞かせって!?——あなたがプロでなくても

このごろ、「読み聞かせ」ということが、一部の方々の間でとても注目されだしました。作家や出版社や専門のストーリー・テーラーやボランティアの方々が、幼稚園や児童館や小学校などを訪問し、多人数の子どもたちに読み聞かせをする。こうして、失われつつある大事なときが、子どもたちに蘇《よみがえ》ってきます。

しかし、このあおりをくって、一般のお母さん方に「わが子への〝じょうず〟な読み聞かせは、どうしたらよいでしょう!?」と、新たな育児不安が起こっては困ります。ここで一つ、整理しておきましょう[☆5]。家庭で〝自分の〟子どもに読み聞かせをするとき——

1　一番大事なのは、あなたがその本をとても気に入っていること。その本に感動し、楽しみ、おもしろがっていることでしょう。

2　あなたの自然な声や口調で、心をこめて読み、子どもとともに楽しむ。

3　〝じょうずに〟なんて思う必要はまったくありません。たとえば、登場人物に合わせて、声を変えたり、わざと調子をつけたりすると、かえっておかしい。プロではないのですから。

4　もっといけないのは、人生訓や道徳を教えようという下心や、この本は「名作だから」という押しつけです。親子ともども、楽しむこと、楽しむこと。

5　「本を読むけど、聞かない？」「いっしょに読もうか」「ぼくの好きな本はこれ？　お母さんの好きなのはこれ。二つ読もうか」。さりげない誘いかけが大事です。

6　読み手と聞き手が、いつも同じような受け止めをしているとは、かぎりません。一つのページから、それぞれ別々の思いを描いて楽しみ、話し合うこともいいですね。挿し絵、筋のない本、ことば遊びの本、それにナンセンス絵本などは、とくにそうです。

7　読み聞かせは、お母さんとはかぎりません。日ごろ子どもと接しないお父さんも、大いにやってください。時には、お気に入りでそらんじている本を、子どもが、お父さんお母さんや弟妹に読み聞かせるのも、おもしろいですね。

8　しかし、なんといっても肝心なのは、「本を読み聞かせる」時間をもつことで、親は子どもとふれ合い、子は親の柔らかい声、体のにおい、やさしいまなざしを実感します。「子育ての本質」を共有する。このことに、尽きるのではないでしょうか。

もっとも、多人数の子どもたちを前に「読み聞かせ」をする場合は、基本はいま、述べたことと同じでも、少しは工夫や技巧もいるでしょうね。たとえば、「何歳向けの本」ということには、あまりこだわらない。異年齢の子どもたちの集まりだと、年下のほうに合わせる。はっきりと大きな声で話す。ちょっとしたゼスチャーもあってよい。影絵や、サイズの大きい本や、登場人物のお面など、を使う。それから、その本にふさわしい音楽やBGMを流すなど。こうなると、もうセミ・プロですね。

さて最後に、よい絵本を選ぶときの注意点です。以下に、ご専門の松居直さんのお考えを紹介しておきます。☆6

1　絵がモノをいう。絵が添えられているのではなく、むしろ文が添えられている。子どもは、絵から話の世界に入り、大人の見えないものまで見る。

2　絵は、形が大事。色は付け足し（そうか。私たちはついきれいな色どりに目を奪われますが、子どもに訴えるのは、形なんですね）。

3　「いつ、どこで、だれが、なにを、どうして、どうなった」。この展開が目に見えること（うん、このことは、エッセー、論文、ほかなんでも鉄則です）。

4　文章にリズムがあって、音読して快いもの。

5　テーマがうまく表現されているもの。

だんだんむずかしいことになります。いずれにしろ、あなた自身、あるいはお子さん自身が気に入る絵本であること。そのためには、まず、図書館でいろいろ当たり、そのなかから「お気に入り」が目っかかったら、買い求める。これが、おびただしい児童図書に、私たち「小さな財布」がつき合う心がけでしょうか。

ペナック先生の実践──高校生への読み聞かせ

「数学がからきしダメ」「外国語に興味がない」「集中力がない」……とうぜん「読書がきらい」。こういう高校生が多いと思います。日本だけではありません。次は、フランスのそんな高校生たちの多くいる、ある学校の国語授業です。

〈教師「読書のきらいな人は手をあげて」

にょきにょきと林のように手があがる。

「いいだろう。君たちがきらいというのなら……私が本を読んであげよう」

と一冊の分厚い本を取り出し、

「いや、ノートはとらなくてよい。よく聞くように、それだけでいい」

生徒たちは、わが目、わが耳を疑った。

生徒「その本を全部……大きな声でおれたちに読んでくれるんですか」

生徒「あたしたち、もうそんな年じゃないわ」

「今から十分後、そんな年じゃないと思うなら、手をあげなさい。そうしたら別のことに移ろう」〉

こう言ったのは、前に紹介した「読者の権利十か条」のダニエル・ペナック先生。この方が二十年間やってこられた教壇実践は、こうなんです。☆7

〈生徒の前で、国語教師が小説を声を出して読んでやる。その本の周囲のことはいっさい説明しない。著者についても語らない。文章の意味について質問したり、主人公の気持ちがどうのこうの根ほり葉ほりはしない。ひたすら読む。一時間四十ページの速度で読むとすれば、週五時間の「国語」なら、一週間で二百ページは読める。取り上げる本は小説が中心だが、大衆小説、推理小説、児童文学など「教科書に載る文学」の枠にはまらない。

こうしてペナック先生は、読書がきらいと思い込んでいた高校生の、読書への好奇心を目覚めさせるのに成功した〉

この「過激」とでもいうべき実践の「しり馬」に乗って、私も小学校・中学校や高校の国語教育について、少し言わせてもらいましょう。

第一に、国語教師は自身、教室でもっと音読してほしいです。私の生徒時代の思い出でもそうです。先生が時に、教科書以外の、たとえば、文庫本などを手にして教室に現れ、「授業と関係ないが、ちょっとおもしろい本でね」と読んでくださる。そのときの声、リズム、顔。すべて楽しさいっぱい。つい引き込まれて、自分も読もうと思ったものです。

第二。国語教科書に載る小説は、とかく短編か、長編の一部分になりがちです。教科書の紙数に限りがありますからね。しかし、それでは、音楽や絵画の作品鑑賞で、小品ばかり味わっているみたい。筋の運びのおもしろさや、さまざまな登場人物の魅力など、大作、長編のもつよさには、お目にかからずじまい。もっと丸ごとの小説を、と願いたいです。

第三。本の読み方はいろいろあります。精読だけでないこと、を教えておいてほしいです。たとえば、ざっと読む。飛ばして読む。拾い読みする。気に入ったところは、何回となくくり返して読む。こんなことも「本に接する」ために大事なことです。

第四。国語の授業にかぎらず、「学級の時間」や「ホーム・ルームの時間」、それに「朝の会」や「終わりの会」を使って、子どもたちの読書体験を促していきたいものです。いろんな方法があるでしょうが、辺地といってよいところにある高校のあるクラスで、「私の好きな一ページ」という実践がありました。

まず、学期始めに、担任の先生が「一学期に一冊の本は読んで、そのことをみんなの前で発表する」と提案しました。生徒たちはそれぞれ何を選ぶか。いろんな選定リストを参考に、また担任も相談にのりました。でないと、むずかしい本に飛びつき、しくじるからです。それから、発表の日程を決めます。「朝の会」と「終わりの会」の、それぞれ二、三分の時間が当てられます。しばらくは、担任自身が「感想発表」のモデルを示しました。「本の題名と作者。選んだ理由。全体の流れと感想。とくに印象に残った文章の朗読」。

「全体の流れと感想」は無理しなくてよいから、「印象に残った文章の朗読」はぜひ、と強調したそうです。まず、本に接し、本に親しむ。このことをねらう。そこがこの実践の光るところです。

「あさどく」――好きな本、毎日続けて

全国の小・中・高校で「あさどく」――朝の読書――という実践が広まっています。

私の教え子のなかにもその実践家の一人がいて、だいぶ前になりますが、「先生、こんなことをしています」と近況を知らされ、私はたいへん共鳴し、それ以後、事あるごとに先生方に紹介し、お勧めしています。

それというのも、学校教育に「朝の読書」を取り込むことで、「本を読む子を少しでも多くしたい」「心の教育を取りもどしたい」。そう願うからです。

実際、今の子どもたちは本を読まなくなりました。全国学校図書協議会の調べによると、一九九八年の「一か月に一冊も読まなかった子」は（カッコは一九七三年）、

小学生―一七％（一〇％）

中学生―四八％（三一％）
高校生―六七％（三三％）
とくに高校生の落ち込みがひどいですね。この年ごろこそ、本をうんと読んで、自分のこと、社会のこと、そして世界のことを考えてほしいのに、本から遠ざかる子が多くなる。勉強といっても、テストのための勉強しか頭にない子。活字そのものをいやがる子……。

これではいけない、と考えられた林公さん（当時、船橋学園女子高校教諭）が、この「朝の読書」を始められました。「学校で、毎朝、始業前の十分間、生徒も教師も全員、各自それぞれ自分が選んだ本（マンガ、雑誌は除く）を読む」この実践で大事なのは、

1　みんなでやる
2　毎日やる
3　好きな本でよい
4　ただ読む

ということにあります。☆8

この四つの注意点は、とてもよくできています。1は後回しにして、まず「2　毎日やる」といっても、たった一〇分。とあなどってはなりません。「継続は力」「塵《ちり》も積もれば山となる」。そしていつか、本を読むことが習慣になるかもしれません。そのうえ、朝すがすがしい気分で、学校生活が始まります。一挙両得、ということになりそうです。

「4　ただ読む」というのも、じつによいです。私たち、とくに教師が「読書をすすめる」と、つい欲張って「感想文も」と言いたくなります。たしかに、本を読めば、だれしも何か感想はもつでしょう。しかし、それを「文にまとめる」ことは、「本を読む」ことより何層倍も、むずかしい技術のいることです。それを強いられて、本がきらいになった、という子も多いのです。

最後に「1　みんなでやる」。この点がいろいろむずかしいようですね。「自由に」本を読むことを「みんなに強制する」とは、どういうことか、という反論ですね。だったら、急ぐことはありません。全校一斉でなくとも、いろんな形の「みんなでやる」をやってみてはどうでしょう。たとえば、自分が担当するクラスの「朝の会」や、自分の担当する国語やその他の教科の時間で、「初めの時間ちょっと、みんなで読む」。その実績から、だんだん全校に賛同の輪を広げていく……。

植田由美子さんの実践がまさにそうでした。中学校の一年生担任のとき、自分のクラスだけで、「朝の学活」の一〇分を「あさどく」に当てました。二年目、同学年に二人、これを始める先生が現れました。そして、校内でこれに注目する先生がふえ、三年目、新一年生六つの全クラスで「あさどく」が始まりました。ここまで来るには、植田さんはじめ先生方のご努力もたいへんだったでしょう。しかし、「あさどく」をした生徒の実効が大きくものを言ったでしょう。「本が好きになる。集中力がつく。本を読み切った自信。本を通して交流が深まり、クラスがまとまる……」。こうして、四年目、全校一斉の「あさどく」に漕《こ》ぎつけた、というのです[☆9]。

「あさどく」が始まった当初、一九九五年ごろは、全国で百校そこそこでしたが、今では、五千校に達しているそうです。とてもうれしいことです。

[注]

☆1 石井桃子『子どもの図書館』岩波新書 一九六五年

☆2 J・ロダーリ(窪田富男 訳)『ファンタジーの文法』筑摩書房 一九七八年

☆3 村中李衣『読書療法から読み合いへ—場としての絵本』教育出版 一九九八年

☆4 横山真貴子「保育者の「読み聞かせ」について」無藤 隆(編)『幼児の生活における感情と感性の育ち』一九九八年 所収

☆5 以下は『別冊 太陽112』平凡社 二〇〇一年から多くを学んだ。

☆6 松居 直『わたしの絵本論』国土社 一九八一年 七九—一〇〇頁

☆7 D・ペナック(浜名優美ほか訳)『奔放な読書』藤原書房 一九九三年

☆8 林 公『朝の読書実践ガイドブック』メディアパル 一九九七年

☆9 植田由美子「朝の読書の実践」『教職研修』二〇〇〇年一二月号 所収

2 楽しむ

読書は楽しい体験。苦しんではいけない。

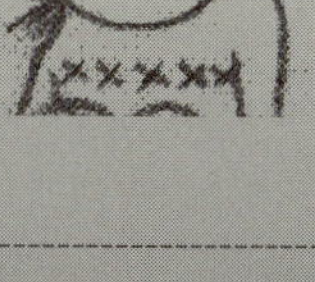

子どもの作った読書標語──熱中し、立ち止まる楽しさ

読書がとてもさかんな小学校で、全校の子どもたちから「読書標語」を募ったことがあります。子どもたちは、先生から「心に残った本を友だちに紹介しよう」「読書の楽しさを友だちに伝えよう」と呼びかけられ、読書にからむ自分の思い思いを短冊に書きました。[☆1]

まず、読書する子どもの姿です。

「じゃまされず　一人しずかに　読書中」（六年）

「『火の鳥』なら　休み時間も　読書中」（六年）

わき目もふらず、心を集中して本を読んでいる姿が、目に見えますね。

ところが、お母さんのなかには「本よりも勉強！」という、口うるさい人がいます。

「勉強中　そう言いながら　かくす本」（六年）

「あっ母さんだ　こっそりしまう　読みかけの本」（六年）
もっと困るのは、夜寝るときですね。
「読みかけの　本をおいては　眠れない」（六年）
「あと五分　寝る前の読書　やめられない」（六年）
わかるなァ、この気持ち。私の小学校時代もそうだった——。寝床に本を持ち込んで読んでいます。すると父や母がやってきて、「早く寝ろ」とか「寝床で本を読むと目が悪くなる」——本当かどうか怪しいんですが——とか言います。「ハイ」と言いつつ、監視の目をかいくぐり、こっそり読むスリルも、読書の楽しさのおまけでした。
子どもたちは、このように、本を読みだしたら、やめられなくなります。それほど引きつけられるのは、いったいなぜでしょう。そこには、いろんな理由が考えられます。
「知らなかったな　本はこんなに　いやなこと忘れる」（六年）
「おもしろい　本を読むと　元気になるよ」（二年）

子どもの現実生活にも、いろいろつらいこと、悲しいことがあります。本はそれを忘れさせ、励まし、慰め、いやしてくれます。

それに、多くの子どもは、それぞれの本の中身に、なんらかの自分の思いや生活をかかわらせて読んでいます。そういうかかわりがあるからこそ、「おもしろい」のでしょう。

「お父さんみたいに　やさしくてこわい　『ちびっこ吸血鬼』」（四年）

「『カブトムシ』みて　ぼくもかいたくなった　カブトムシ」（四年）

「なぜ争う　胸痛くなる　戦争の歴史」（六年）

「いつくるの　アンネが待ってた　平和の日」（六年）

あとの二つは、歴史の本や『アンネの日記』を読んでの感想でしょう。こんな大事なことを、読後しっかり考える。心に刻む。子どもの新しい「本の楽しさ」が生まれたのですね。

と言うと、あなたは言うかもしれません。テレビや映画だって、子どもはしっかり、中身に巻き込まれ、しかも考えることができます、と。

たしかに、そのとおりです。

しかし、ちょっと待ってください。テレビや映画は「動き流れる映像」です。受け手(子ども)を巻き込む力はとても強大ですが、そのかわり、いやそのため、考えさせるゆとりが少ない。それに比べると、本のほうは「活字になった文章」です。読み手(子ども)を巻き込む力は弱いですが、そのかわり、いやそのため、立ち止まって考えたり想像したりすることができます。たとえば(おかしいぞ?)とか(いいな!)と思ったら、ページをめくる手を止めることができます。つまり、テレビより本のほうに、受け手の自由が多くあるのです。テレビも本もマスコミの一つですが、私たち受け手がいっそう主人公になれるのは、本のほうということになります。

本読む楽しさには、本にのめり込む楽しさとともに、本から離れ、立ち止まって、自由に思いをめぐらす楽しさもあるのですね。

本の虫——誇りにされた異端の自由

児童文学者の梨木香歩《なしきかほ》さんの「あの子はああいう子なんです」というエッセーが目につきました。☆2「忘れられない言葉」というシリーズの一つです。学生のころ、梨木さんは毎日、本ばかり読んでいたそうです。〈幸い、通学していた小学校にはとてもすばらしい図書館があって、ここで本を借りて、まず学校で読み始め、家に帰るとすぐ読み、寝床でも読む。そこでたいてい読み終わるが、ときに翌日に持ち越すと、学校の午前中の休み時間と、先生の目を盗んで読む授業中とで、昼休みまでには読み終え、また次の本を借り出す〉

「テストのある日は嬉《うれ》しかった。さっさとすませてあとは思う存分読んでいられるから」。すごいですね。私たちは、読書に熱中しすぎる子どもも心配で、「読書も、勉強も」と、両立を考えます。が、どうして、どうして。この筆者のような「本の猛虫《もうちゆう》」にかかると、寝床はおろか、授業中、はてはテストなんかもへっちゃら、ときました。

エッセーは続きます。「その日のテストも……『さっさとすませて』本の続きに没頭していた。すると教室の後ろのドアが開き、数人のいかにも視察に来たといった風情の……方々が担任に案内されてきた。そのうちの一人が何か耳打ちしたらしい。担任の晴れやかな声が聞こえた。『ああ、あの子はああいう子なんです』」

この担任のこのことば。筆者は子どもながら、一瞬にして悟ったそうです。〈テスト中に本を読むということが、人に不審を抱かせるらしいこと。そして、担任の先生が、私を信頼し、その異端を丸ごと受け入れ、誇りにすらしているらしいこと〉を。こうして筆者は、先生のあのことばを「あれはいいものだったと今でも思う」としめくくっておられます。

私はこのエピソードに深く感動し、「読書も、勉強も」などとありきたりなことを言う自分を

恥じました。もちろん、この筆者がやったことは、どんなに熱中した読書とはいえ、すべてがよいとは言えません。とくに、テストの余り時間はともかく、授業中の「内職」の「盗み読み」はいただけません。見つかったら、この担任だって「これこれ、梨木さん」とたしなめたにちがいありません。

にもかかわらず、私が深く感動したのはなぜでしょう。それは、この担任の先生が、「テストを早々とすませた後の本読み」という「異端」を、その子の責任においてやっているのだ、と目いっぱい認めていること。むしろ、日常のテストなんかよりも、熱中して本を読むことを大事にする子の個性を、先生が誇りに思っていること。そして、その先生のお気持ちを、ほかならぬこの子が知って、うれしく思っていること。ここに、人間の個性がのびる原点がありますね。

しかし、このような深い交わりによる個性づくりは、そうそう簡単にいつもあるとはかぎりません。親や教師の洞察と信頼の、力強い支えがあって成しうることです。「本の猛虫」はともかく、「本の虫」ぐらいの子には、せいぜいのところ、「勉強もね」「健康もね」そして「友だちづきあいもね」と、「偏食」にならぬことを注意する。私自身、そんな平凡な自分だったと思います。
最後に、ちょっとひとこと。さきほど「授業中の内職の本読み」はいけないが、「テストの余り時間の本読み」は許される、と言いましたね。このように区別できるのは、どうしてでしょう。それはじつは、自由には二つの自由――消極的自由と積極的自由――がある、という考えから来ているのです。[☆3]
ここでいう消極的自由というのは、プライバシーを守る、というときの自由。他人に迷惑をかけないかぎり、何をやってもよい範囲にかかわるものです。積極的自由というのは、必然・法則に従ってこそ人は自由である、というときの自由。ある人がこれをせよ、ああであれ、と決定したり干渉したりする根拠にかかわるものです。ですから、授業中の内職の本読みは、積極的自由の考えから「今は、授業の勉強をするとき。だめ」。テストの余り時間の本読みは、消極的自由の考えから「テストがすんだというのなら、ま、いいか」というわけです。
しかし実際は、「テストの時間だから、もっとテストを熱心に！」とつい言いたくなるんです。ところが、そうでなかった。そこが、この話の尊い点ですね。

『オオカミと七ひきの子ヤギ』――所変われば読みも変わる

〈母さんヤギが森に出かけます。七ひきの子ヤギに言いました。「オオカミにだまされないように」。すぐさまオオカミがやって来ます。トントントン。「お母さんだよ。戸をおあけ」。「うそだい。お母さんは、そんなしゃがれ声なんかでないや。お前はオオカミだろう」。そこでオオカミは、白ぼくをたべて声をきれいにしますが、子ヤギたちは「じゃ、手をお見せ」。オオカミはまっ黒な手を出します。「うそだい。お前はオオカミだろう」。そこでオオカミは粉屋をおどし、白い粉で手をまぶし、とうとう子ヤギたちはだまされます。

さァ、たいへん。子ヤギたちは大あわてで隠れましたが、オオカミにみんな食べられます。ただ、柱時計に隠れた、小さい七番目の子ヤギだけが助かります。おなかがふくれたオオカミは、大いびきをかいて寝ました。

そこへ母さんヤギが帰ってきます。助かった子ヤギから話を聞き、オオカミのおなかをはさみで切って子ヤギたちを助け出し、かわりに、石を腹いっぱいに詰めこみました。やがて目をさましたオオカミは、石の重みで井戸に落ち、子ヤギたちは「オオカミが死んだ、オオカミが死んだ」と喜びました〉

『オオカミと七ひきの子ヤギ』です。ご存じでしょう？

私が今度じっくり読んで、改めて気づいたおもしろいところ――。それは、オオカミが悪いことをたくらんでいると知りつつ、粉屋がオオカミに脅されて粉をやる。「人間て、そんなものですよね」と書いてある。（なるほどなァ）と感心しました。ま、それはともかく――。

このお話は一般に、どう受け止められているでしょう？　日本、中国、韓国の母親と子ども（小学校五、六年生）にアンケートした結果があります。☆4 それによると、日・中・韓の母親と子どもはともに、「甘いことばには用心せよ」「悪いことをしたら罰を受ける」という意味を受け取っていました。

ところが、ちがいも出ました。まず、「オオカミが死んだ、殺された」というところ。中・韓の母親と子どもは「それでよかった」としていますが、それに比べると、日本の母親と子どもは「そうまでしなくても」というのです。

これは、とてもおもしろいちがいだ、と思いませんか？　日本は「やさしい」「思いやり」の国なので、悪に対して「厳しくない」が、中国や韓国はそうでないから、「厳しい」のでしょうか？　簡単には言えませんが、あるいはそうかもしれません。中国には「水に落ちた犬は打て」徹底的にやれ、という非情な諺もあるようです。しかし、日本人はやさしさにかまけて、ついナアナアになる。そんなことと、この読み取りのちがいは関係しているかもしれません。国民性というものは、それぞれいろいろあって、なかなか変わるものではないのですね。

もう一つのちがいは、子どもたちにとってこの話のおもしろいと感じた場面なんです。日本の子どもはいろんな場面をあげていますが、中・韓の子どもたちのおもしろい場面は限られています。たとえば、日本の子どもは、オオカミが声をきれいにしたり足を白くするところも、七番目の子ヤギが見つからずにすむところも、オオカミが大いびきをかくところも、おなかに石をつめこまれるところも、石の重みで死ぬところも。ところが、中国の子どもは、オオカミが声をきれいにしたり足を白くするところと、子ヤギたちがオオカミのおなかから出てくるところの二つ。韓国の子どもは、オオカミが大いびきをかくところと、石の重みで死ぬところの二つ。

このちがいについては、いろいろ考えてみなくてはなりません。ただ少なくとも、日本の子どもたちは、このお話を、中・韓の子どもたちに比べ、より自由に、より個性的に、楽しんだ点が、とてもよい。このことだけは言えそうですね。

もっとも、こういう自由な読み取りが、日本の子どもたちにいつもできているか？　というと、それはちょっと請合いかねます。とくに高校生や大学生になるにつれて、つまり勉強すればするほど、自由で個性的な読み取りができなくなる。そんな心配がないでもありません。過度の、受験勉強やつめこみ教育のために、子どもたちがもともと持っていた、本を楽しむ、自分なりにノビノビ楽しむ、ということが奪われてはいないでしょうか。この点については、またあと（『走れメロス』）で詳しくふれるつもりです。

『エルマーのぼうけん』——仲間遊びに生きる本

『エルマーのぼうけん』[★2]という本はとても評判がよいようです。「豊かなユーモアと、現実味あふれる細かい描写と、ナンセンスがとけあった」見事な作品だ、というのです。どんなあらすじかといいますと——。

〈エルマーという男の子が、どうぶつ島で橋のかわりにこき使われている、りゅうの子のかわいそうな話を聞き、助けに行きます。

途中いろいろな危機に出会いますが、エルマーには奇抜なとんちがあります。彼の背負ったリュックにつめこんだお菓子や小道具を使い、そのたびごとにうまく切り抜けるのです。

たとえば、どうぶつ島で七ひきのとらに囲まれると、エルマーは「チューインガムをかんで緑色にして地にまくと、チューインガムが生えるよ」とだまして、逃げます。

さいにつかまると、さいが自分のきたない牙を気にしていたので、はブラシで磨くことをすすめて、逃げます。

ライオンはくしゃくしゃのたてがみに困っています。くしとブラシでおしゃれをするように言って、助かります。

ゴリラには、ノミをつかまえるため、こざるたちに虫めがね六こやって、助かります。

十七ひきのワニには、ぼうつきキャンデーをしっぽにくくりつけ、わにたちが一列に並んでそれを食べるすきに、その背中を走り抜けます。

こうして、とうとうりゅうの子を助けだし、その背に乗って空高く島を脱出しました〉

ところで、この本をヒントに、子どもたちがおもしろい遊びを幼稚園で長く続けた、という実践記録があります。☆5 これを指導された仲渡規

矩子さんは読み聞かせのとてもじょうずな方で、私も二、三度、聞きほれたことがあります。しかも、この五歳児たちがこの本を読んでもらったのは、山の合宿で探検したり、動物園に行ったりしたあとで、タイミングもよかったようです。まず、子どもたちは、エルマーがどうぶつ島へ渡っていった「ぴょんぴょん岩」を、箱積み木でつくります。何人ものエルマー役の子が飛び飛びしていきます。とらになった子は、色紙のチューインガムをもらい、エルマーをおぶっています（おやおや、原作とはだいぶちがう話に発展！）。

さいの役が生まれました。さいに向かってエルマー「なんでないてるの？」「このつのは……」「はブラシですりんさい」「いま、いそがしいので、あとで」（「あとで」とは、なかなか味な受け答え）。

エルマー役もだんだん手がこんできます。紙袋で作ったリュックに、地図やキャンデーなど細々したものをつめこみます（そう。このリュックこそ、あのエルマーの「とんちの泉」なんですから）。

りゅうの子役も大忙しです。「たすけてー」と叫んだり、エルマーをおぶってすべり台をすべったり（なるほど、幼稚園で「空」は「すべり台のてっぺん」ですね）。

「ジャングルは暗いぞ」と、暗幕もはられ、あちこちにライオンやさいを置きます（教室ぜんたいが「どうぶつ島」になった。すごい）。

とうとう「りゅうにのって」という歌がみんなの合作で作られました。そのあと続いて「リュックに入れよう」「さァ、どうぶつ島だ」の歌、歌、歌……。

このように、子どもたちは目いっぱい、仲間遊びとして、また、自己実現として、楽しむことができました。もちろん、指導者の巧みな心づかいも大きく働いたことでしょう。しかし、なんといってもこの本の魅力――「豊かなユーモア」「現実味あふれる描写」そして「ナンセンスのもつ夢」。これらが一つになって、子どもたちを突き動かしたのでしょう。

子どもが本を楽しむという場合、自分たち仲間の遊びに取り込んで、本を生き生き楽しむ。今の子どもたちは遊びを知らない、「ごっこ遊び」ができない、と言われます。本のなかには、こんな子どもを助けてくれる本もあるわけですね。

『長い長いお医者さんの話』――ユーモアと風刺を楽しむ

『長い長いお医者さんの話』[★3]は、小学校中学年向きとされていますが、私も文句なしに愉快でした。

今から十年前、岩波書店が、岩波少年文庫（二百点）のなかから「私の一冊を選んでほしい」という調査を、各界で活躍中の方々にしたことがあります。百八十七人の回答者のなかで、この本をあげた方が十一人でトップ。次点は『星の王子さま』[☆6]の九人。簡単には言えませんが、この本の人気の程がわかりますね。

この本には、表題の「お医者さんの話」のほかに、いろいろな話が入っています。そのなかの一つ「郵便屋さんの話」に、こんなシーンがあります。

〈郵便配達人のコルババさんがたまたま郵便局に居残ると、真夜中近く、小人の妖精（ようせい）たちが現れ、まめまめしく働き、やがて手紙をトランプがわりにして遊びだします。トランプの7、8、9、10、ジャック、クイーン、キング、ポイントに、それぞれの手紙が等級分けされます。手紙の中身の「ぬくもり」で決まる、というのです。一ばん弱い7の札《ふだ》に当たるのはウソばかりの手紙、次の8はお義理の手紙、クイーンは親友どうしの手紙、キングは愛の手紙。最高のポイントは、真心のこもった、たとえば母親がわが子に当てた手紙や、自分より大事にしている人への手紙、というのです〉

手紙をトランプにして遊ぶ！　そして、心のぬくもりで等級がつく！　なんとおもしろいアイデアでしょう。しかも、ここでいう「クイーン」「キング」「ポイント」に当たる手紙が、トンと少なくなった昨今。耳の痛い話ですね。

「山賊の話」というのも、この本に入っています。

〈ある山賊の父親が、息子だけはやさしい紳士に育てようと、修道院の学校に入れました。ところが、父親が死んで後を継いだ息子は、学校で習った「親切」「ていねいことば」がわざわいし、商売の追いはぎはいっこう成功しません。おどしをかけた通行人から、逆に、追いはぎされたり、いじめられたり。困りはてた息子が、元の修道院の神父さんに相談すると、「追いはぎはやめるがよいが、親に誓った、通行人をとめる仕事は、続けていかねばなるまい」という答え。そこで、息子は、道路の通行税を取り立てる番人になりましたが、このとき、彼の「親切」「ていねい」「やさしさ」は消えてなくなり、ガミガミ文句を言う、あの「道路番人や検札車掌や執達吏」の口調になりきっていました〉

お話の途中でも、私は何回となく笑いましたが、このオチには大笑いしました。子どものための童話というと、いかにも非現実的な話が多いのですが、この本は、きわめて現実的な人間、たとえばお医者さんや郵便屋さんや山賊といった人、が主人公です。その生活の中から、夢やユーモアが語られ、鋭い風刺（批判）も光っています。

もっとも、ひとくちに笑いといっても、いろいろあります。この本を書いたチェコスロバキア人のカレル・チャペックはなかなかの文明批評家でもありましたから、こんな風刺の光るユーモアを書きました。しかし、その一方には、落語家のいう「いつもバカバカしいお笑いで」というのもあります。こんなお笑いは「緊張の緩和」。私はこれも大好きです。

ところで、この笑いについて最近、少し気になることがあります。それは、大学生が講義中の教授のジョークや冗談を笑わなくなった、ということです。センスの古くなった私のような古手だけならともかく、若い先生方もそう言うのです。以前に比べ今の学生たちは、まじめすぎるとも、ゆとりがなさすぎるとも、闊達《かったつ》さがなさすぎるとも、言えそうです。「笑いとは優越感の表示である」とも言いますから、笑いを忘れた今の学生たちは、風刺や批評はおろか、そもそも自信さえ失っているのかもしれません。

こういう学生たちが笑いを回復するには、どうしたらよいでしょう。幼少期に、ユーモア文学を少しは楽しめよ、と言ったぐらいでは、とても間にあいそうもありません。ちょっとやそっとでは治らない、重い現代病なのかもしれません。しかし、それだからこそ、さきの『エルマーのぼうけん』にしてもこのチャペックにしても、なんでもよいです。ユーモアというものを、本をとおして、楽しんでいてくれたら、少しはいいかもしれないなあァ。はかない望みを描くわけです。

お気に入り――くり返し読んだ三冊

さきにふれました「本の虫」といわれるような人は、何でもどんどんさまざまな本を読むタイプです。

私も少年時代、本は好きなほうでしたが、太平洋戦争の前、中です。今のように本が出回ってはいませんし、図書館・図書室はお粗末。私の育った家庭も「少しは本がある」といった程度です。そんなやこんなで、私は、「本を読みあさる」というよりも、「お気に入り」の本にしがみつく、といったタイプでした。

で、私の小学校三、四年生のときのそれは、平田晋作（だったと思いますが）『我れ等の陸海軍』、五、六年生ごろは、大田黒克彦（山口将吉郎・画）『源九郎義経』と少年講談『東海道中膝栗毛《とうかいどうちゅうひざくりげ》』でした。今これらの本はもちろん手元にありませんが、なん十回となく読みましたので、そのなかにあったさし絵や写真を、ありありと思い浮かべることができます。

『我れ等の陸海軍』は、とくに海軍のところがお気に入り。漢字はすべてルビがふってありますから、むずかしい艦名も読めました。戦艦の陸奥、長門、日向、伊勢……などは古い国の名。巡洋艦の最上、鳥海、利根……などは山川の名。こんなことがなんとなくわかったときは、たいした軍事秘密を知った、と一人で悦《えつ》に入りました。それに、艦隊の仕組みがわかった！　同じような船が五、六隻集まって一組ができ、その数組が集まって艦隊ができる。その整然とした組織・編成美に心を打たれたものです。

『義経』は、前半、はなばなしい武将、後半、あわれな落人《おちゅうど》。その明暗の激しさに、心が痛みました。「兄頼朝さえもっとやさしかったら、義経もよかったし、源氏の家もよかったろうに」。歴史がそんな単純なもので動くわけもないのに、学校の「研究発表」（今の課題学習）で、私は「なぜ源氏は三代の将軍で亡んだか」

というテーマを自分で立て、「親類の仲が悪かった」という「ご迷答」を発表しました。相当な判官《ほうがん》びいきだったんですね。

『膝栗毛』は、なぜか、冬の寒い寝床で読んだ思い出が強いです。当時は雑誌「少年倶楽部《くらぶ》」が大人気で、そこに掲載された数多くの冒険小説を血湧《わ》き肉踊らせて私も読みましたが、しかし、それはそれ、これはこれ。弥次さん喜多さんの二人が交わすべらんめえのやりとり。宿場や道中でしでかすとんちゃどじ。ペテンがばれて阿部川に放りだされる喜多八の驚きの顔。どうしてこんな他愛もない「本の思い出」が残るのでしょう。戦時中の少国民として私も緊張していたのでしょうか。だんだん暖かくなってくる布団の中で、ニヤニヤしながら、ときに大笑いしながら、心身をリラックスしていたのでしょうか。だとしたら、あのころの私にとって『膝栗毛』は一種のいやしだったんですね。

――「愛読書」というも恥ずかしい本にまつわる思い出。とりとめもなく書いたのは、他でもありません。子どもがその時々、夢中になって読む本には、親や大人から見て「ヘェー、なんで？」といぶかるような本があるからです。

しかし、なによりも大事なのは、本が子どもの楽しみになってほしいということです。子どもの楽しみになったとき、それはそれなりに、心のいこいであったり、心のこやしになったりするのです。そこに心の育ちがあるわけで、「異端の自由」を認めるおおらかさは、ここにもやはり必要なわけです。

それに、私の体験を押し売りするようでいやですが、今は本があまりにも手に入りやすいときですから、「本をくり返し読む」ことがむしろむずかしいかもしれません。しかし、いろいろ読みあさって、そうして自分の「お気に入り」が見つかり「愛読書」になる。そんななかで、自分の個性がだんだん作られ、明らかになってくるかもしれません。

日本の教育が人の個性に注意しだしたのはよいことですが、個性を深める点はどうでしょう。まだまだ突っ込みが足りないようです。一つのことに深くかかわるこだわりこそ、個性教育を仕上げるものです。この意味でも、一冊の本をくり返し読むことは、大事な「本の楽しみ方」ではないでしょうか。

【注】

☆1　作品はすべて高知市追手前小学校

☆2　「国語教育相談室」 No.30　光村図書　二〇〇〇年　所収

☆3　I・バーリン（小川ほか訳）『自由論』みすず書房　一九七一年

☆4　須田康之「異文化間におけるテキストの受容」『教育社会学研究』六四集　一九九九年　所収

☆5　仲渡規矩子「エルマーの大冒険ごっこ」森　楙ほか（編）『遊びを育てる』コレール社　一九八八年　所収

☆6　『図書』岩波書店　一九九〇年七月

3

感じる

読書は、人の、とくに幼少時、感性を磨く。

『ガラスちゃん』——幼な子に宿る「神性」

あるＰＴＡの会で、先に述べました『ジュゲムジュゲム』や『桃太郎』のような、私の親の「読み聞かせ」を話したことがあります。すると、こんなお手紙が来ました。

「……私も、先生と同じように、〈桃太郎〉とか〈青葉しげれる桜井の〉話とか歌とかを、父がよく聞かせてくれ、なつかしく思い出したことでした。

私が息子に最初に買ってやった絵本も、『桃太郎』でした。まだお話がよくわからないときでしたが、鬼がごめんなさいと謝るところで、私が強調して言うものですから、きっと鬼がかわいそうに思ったのでしょうか、そのつど、泣いていました……」

私にも、思い出すシーンがありました。息子が幼稚園に行っていたころのこと。『ガラスちゃん』という絵本を読んでやりました。

〈心がガラスでできているガラスちゃん。ウソを言うと、ガラスにひびが入るんです。だから、ガラスちゃんは今まで一度もウソを言ったことはありません。ところがある日、一度だけ、ガラスちゃんはほんとうのことが言えず、お父さんとお母さんにウソを言いました。

そのとき、心のガラスに、ピピピーンと音がしました。

それから、だんだん何回もウソをつき、そのつど、ピピピーンと音がして……〉

その結末がどうなったか、確かめたいのですが、その本が見つからず、すみません。

が、それはともかく――。私の息子は、ガラスにひびが入るところで、必ず泣きます。回をあらためて読んでも、また泣きました。この子はその後、特別上等の正直者に育ったかどうかわかりませんが、このときにかぎって「ピピピーン」というひび割れの音に、身を震わせて反応した、このことだけは確かですね。

「ごめんなさい」と謝る鬼に乗り移って、泣いている子。「ウソをついてガラスがわれた子」に乗り移って、泣き出した子。幼いとき、人間の理性と感性は分かちがたく、体の中でいっしょになっているので、こんな反応をするのでしょう。

考えたことと感じたこととが、別々でなく、同時に、しかもとっさに、現れるのですね。

ほんとうに、小さい子の心は、なんと素直で、純真で、率直なんでしょう。それに比べると、私たち大人は、なんと複雑で、みにくく、鈍感なんでしょう。そういう幼児の心を、フレーベルは「神性」——神に似た心ばえ——と言いました。「しかし、今の子どもたちはちがう。幼稚園の子どもだって、ずいぶんおませなんだから、本の聞き取りに『神性』なんて働くかな?」と言う人がいるかもしれません。しかし、そう言ってよいでしょうか?

ある幼稚園で先生が「桃太郎の絵本」を、三、四人の子どもに読み聞かせているところに、たまたま出くわしました。「……おじいさんは山へしばかりに」はよかったですが、「おばあさんは川へせんたくに」と言うと、一人の女の子「ウソばっかり」。あわてて先生がもう一度「川へせんたくに」「ウソばっかり」。なかなか先に進めません……。しかし、これだって、よくよく考えると、この子は別に「夢のない」「ひねくれ者」というわけでもないんでしょう。彼女にしてみれば、「山へしばかり」は（そんなこともあるのか）と思ったが、「川へせんたく」は（ウソ、せんたくはセンタクキよ！）と考えた、だから「ウソばっかり」と言った……。むしろこれが、現代の「幼児の神性」なのかもしれませんね。

私自身にも、こんな失敗があります。幼稚園の研究発表会で、子どもたちの自由遊びを見ていますと、小さいウサギ小屋に四人、男の子が入って、いかにもうれしそうにウサギと遊んでいます。つい釣り込まれて、「君ら、ウサギ、かってるの？」と声をかけると、一人の男の子「ううん、ヨーチエンがかってる」。まったく、おっしゃるとおり！　これは、けっして冷めたお答えではありません。（遊んでいるのはボクたち。飼っているのはヨーチエン）。問いを発した大人のほうが、不正確だったのですね。

たしかに、今の幼児や子どもは「おませ」で、大人社会に早くからなじんでいます。しかし、彼らの「素直、純真、率直」は今でも生き生きと働いています。ですから、彼らが絵本やお話を聞いて感じ受け取るものは、今も昔も変わらない。こう言ってよいのではないでしょうか。

『かわいそうなぞう』――戦争憎む平和への感性

小さい子どもが読んだり、読み聞かせたりする本には、大人の心をゆさぶるものもあります。『かわいそうなぞう』★1もその一つです。

〈そのころ、上野の動物園には、三頭の象がいて、ジョン、トンキー、ワンリーといいました。

当時、日本はアメリカと戦争をしていて、だんだん東京の街にも爆弾が落とされるようになりました。動物園も心配です。爆弾でおりがこわされ、恐ろしい動物が街で暴れ出したら、たいへんです。こうして、ライオン、トラ、ヒョウなどが次々と毒で殺されました。

いよいよ、三頭の象の番になりました。

まず、ジョンはじゃがいもが好きでしたから、毒入りのじゃがいもをふつうのじゃがいもに混ぜて、食べさせようとしました。が、かしこいジョンは、毒のじゃがいもを口までもってゆきますが、鼻でポンポンと遠くへ投げ返します。毒を注射しようとしても、皮がかたくて針が入りません。とうとう食べ物を一つもやらず、十七日めに死にました。

続いて、トンキーとワンリーです。この二頭は、いつもかわいい目をじっと見張った、心のやさしい象でしたので、動物園の人たちは、なんとか助けたいと思いました。しかし、その方法はなく、えさをやらないことになりました。

二頭の象はたちまち、げっそりとやせ、目が飛び出し、耳だけが大きく見える、悲しい姿になりました。象の係りの人は「かわいそうに、かわいそうに」と、おりの前をウロウロするばかりです。

すると、トンキーとワンリーは、ひょろひょろと体を起こし、係りの人の前に進み出て、お互いぐったりした体を背中でもたれあわせ、う

しろ足で立ち、前足を曲げ、鼻を高く上げて、万歳をする。芸当を見せれば、昔のようにえさがもらえる、と思ったのです。

係りの人はもうがまんができません。えさと水をもって走って帰り、それをぶちまけ、「さあ、たべろ、たべろ。のんでくれ、のんでおくれ」。象の足に抱きついて言いました。動物園のほかの人はだれも、これを見て見ないふりをします。どの人も、少しでも長く、生かしたかったのです。

しかし、トンキーもワンリーもついに動けなくなり、二十日ぐらいして、やせこけた鼻をのばし、万歳の芸をしたまま、死んでいました。見つけた係りの人が叫びました。「ぞうが　しんだあ。ぞうが　しんだあ」みんな象のおりの中へころがりこみ、体にとりすがり、ゆさぶって、泣きました。

その頭の上を、敵の飛行機がゴウゴウと東京の空に攻め寄せていました。

どの人も、象に抱きついたまま、こぶしを振り上げて、叫びました。

「せんそうを　やめろ」「せんそうを　やめてくれえ。やめてくれえ」〉

私はこのお話をほとんど書き写すように、ここに紹介しましたが、年でしょうか、涙が出て困りました。

　言うまでもありませんが、日本にはこの絵本のほかにも、反戦・平和の童話や児童文学がたくさん出ています。高橋宏幸『チロヌップのキツネ』、山口勇子『おこりじぞう』、今西佑行『一つの花』、壺井栄『二十四の瞳』などなど。これらはみな、それぞれの立場から、それぞれの切り口で、反戦や平和を訴えています。しかし、私はやはりこの『かわいそうなぞう』がいちばん好きです。ここには、戦争のもつ巨大な非人間性が、真正面から、重々しく、広い社会性をもって、しかも子どもに身近かな題材で、語られています。

　いや、そんな理屈を言わなくってもよいのです。この本を私が「好き」ということは、この本で私が「感動」したということですから。もっといえば、私の感性——価値あるものに気づく感覚[☆1]——が働いたということです。あなたもこの本を読まれて、もしも感動されたら、お子さんに読んであげてください。読み終えて、何かおっしゃりたかったら、「ぞうさん、つらかったろうね」。たった一言。多くは語らなくとも、親子の心は一つになっているでしょうから。

『花さき山』——けなげで優しい女の子

斎藤隆介の民話ふうの物語と、滝平二郎のさし絵がコンビになった絵本には、多くのファンがいるでしょう。私もその一人です。なかでも、『花さき山』[★2]は心を打ちます。

〈「あや」という女の子が、今まで見たこともない、花の咲き乱れる山に迷い込むと、一人の山ンばが現れ、こう語ります。

これらの花は、ふもとの村の人間がやさしいことをひとつすると、ひとつ咲く。足もとの、この赤い花は、お前が咲かせた。きのう、妹のそよが「祭りのべべ買ってけれ」とおっかあを困らせたとき、お前は「おらはいらねえから、そよサ買ってやれ」と言った。おっかあはどんなに助かったか！　そよはどんなに喜んだか！

また、そこに、つゆをのせて咲きかけてきた小さな青い花は、ふたごのあんちゃんが咲かせているものだ。弟がおっかあのおっぱいをのんでいるのを、あんちゃんだから、しんぼうしている。目にためた涙が、そのつゆだ〉

あやは家に帰って、この話をするのですが、だれも本当にしません。

もう一度、山に行ってみますが、花さき山はありません。しかし、あやはこの後、「あっ！いま花さき山で、おらの花が咲いてるな」と、ときどき思うことがある。という最後のページのさし絵は、おぶった妹を見やるあやを包むように、あやの足もとには、色とりどりの花がぼーっと立ち浮かんでいます。

そのあやの表情もいいのですが、何といっても、山ンばにほめられたときのあやがいい。山ンばから「きのう、お前はせつなかったべ。だども、この赤い花は、どんな祭りの花もようよりも、きれいだべ」と言われたときの絵は、どうでしょう。墨一色をバックに、あやの顔も着物も真っ白で、胸元に大きな赤い花一輪をにじませたあやの、髪は画面からはみ出る勢いでなびき、スックと立っています。

ちなみに、この本の表紙に描かれたあやは、この表情と同じものですが、白い着物ににじませた花は、一つではなく、赤、青、紫、黄色、などなど。その後のあやの成長を示しています。（ああ、いい女の子の顔。かつては、こんな顔の女の子がよくいたな……）暮らしはけっして豊かではないが、小ざっぱりしたべべを着て、家の手伝いなどキリキリとすませ、小さい弟妹の世話もまめまめしい。そんな「けなげでやさしい」子どもたち……。

　ところが、どうでしょう。今の日本で、「花さき山」の子どものように、べべを買うにも乳をのむにも、しんぼうし、せつない思いをする子が、いるでしょうか。今は、きょうだい数は少なく、暮らしは豊か、家事手伝いも少なくなりました。だから、「けなげでやさしい」心など生まれにくいのかもしれません。

　でも、子どもは本来「やさしい」心はもっているものです。ここに、小学一年生、つづきみゆさんの「まこのおもりをした」という作文[☆2]があります。

　まこは、九月に生まれたわたしのいもうとです。

　おかあさんは、いつもいそがしいです。おふろに入ったり、ごはんをつくったり、おふろをまきでわかしようときは、わたしらあきょうだいで、まこのおもりをします。

このまえの日よう日、お母さんが「まこにミルクのませて。みゆは、じょうずやけん」と、いうたので、「ええよ」というて、まこにミルクをのませました。

そのとき、まこがじぶんの手で、ほにゅうびんをおさえたのがかわいかったです。「まこちゃんは、かわいいもんね」というたら、まこがめをパチパチさせました。

ミルクをのんだら、すぐミルクのげぼをします。わたしは、まこの口のまわりをふきました……。

ここには、まだ「あや」ほどの「けなげさ」こそありませんが、あふれるばかりの「やさしさ」があります。この「やさしさ」から「けなげさ」もやがて生まれるのでしょう。

「花さき山」が発表されてから、およそ三十年。これをくり返し読む子は絶えることもないようで、うれしいです。「あや」や「あんちゃん」の味わったような「生活環境」は少なくなっても、その「けなげでやさしい」心は、変わることなく、今の子どもたちに伝えられているのでしょうから。

『ラヴ・ユー・フォーエバー』――高校生も感動した絵本

『ラヴ・ユー・フォーエバー』★3という絵本があります。

〈お母さんが、生まれたばかりの赤ちゃんを、だっこして歌います。

「アイ・ラヴ・ユーいつまでも　アイ・ラヴ・ユーどんなときも　わたしがいきているかぎり　あなたはずっとわたしのあかちゃん」

あかちゃんは二さいになり、その世話でお母さんは「気がくるいそうだわ」と思っても、夜はだっこして歌います。「アイ・ラヴ・ユーいつまでも……」

ぼうやが九さいになり、いたずらで「動物園にでもだしたいわ」と思っても、夜はだっこしてこの歌を歌います。

男の子がティーンエージャーになり、「まるで動物園にいるみたい」と思っても、夜はだっこしてこの歌を歌います。

少年が大きくなって家を出、隣町に住むようになっても、お母さんは息子の家に時に出かけ、眠っているのを確かめてこの歌を歌います。

そして、お母さんが年をとって病気になり、息子が見舞いに来たときも、お母さんはベッドで歌っています。「アイ・ラヴ・ユーいつまでも　アイ・ラヴ・ユーどんなときも」。でも、後は力尽きて歌えません。すると、息子が続けます。「ぼくがいきているかぎり　あなたはずっとぼくのあかちゃん」

それから息子は家に帰り、生まれたばかりの自分の赤ちゃんの部屋に入り、だっこして歌います。

「アイ・ラヴ・ユーいつまでも　アイ・ラヴ・ユーどんなときも　ぼくがいきているかぎり　おまえはずっとぼくのあかちゃん」〉

この本のストーリーや構成なら、少しはお伝えできますが、この本の美しい夢のようなふんいきはとてもとても。まして、ことばのリズム、ことばにこもる魂といったものは、まさにじょ

うずな「読み聞かせ」だけができること。私の力の及ぶところではありません。

しかし、「アイ・ラヴ・ユー……」のあの詩が、都合七回くり返されるところ。そこには、子どもがどんどん大きく変わっていっても、変わることのない母の愛が見事に示されていて、読む者の心にしんしんと響きますね。

とくに最後は、歌う力さえなくなった老いた母を、息子が引き継ぎ、母を抱いて歌い、そして次に、自分の赤ちゃんを抱いて歌います。親子のきずな、愛のつながりが、なんとおごそかに示されていることでしょう。

じつは、この絵本を知ったのは、村上淳子『本を読んで甲子園へいこう！』からでした。この本のことはあとで詳しく取り上げますが、著者の村上さんは、ある高校の野球部員たちの「あさどく」で週一回、読み聞かせをされました。そのとき、生徒たちが強く感動した一冊が、この本です。

（高校生が感動した絵本だって⁉）といぶかって読んだ私も、（なるほど、これなら、高校生でも大人でも）と心から感心しました。

たとえば、ティーンエージャーの高校生なら、今も今「まるで動物園にいるみたい」と親に見られている、と思いがちなときです。（が、本当はそうでない。親は心の底で愛してくれている。小さいころがそうだったし、これからもそうだろう）と感じるでしょう。親つまり、成人した子なら、（面と向かっては、てれくさくって、口に出せなかったことだが、そうなんだ）と、自らの深奥にひそむ本心に改めて気づくこともあるでしょう。新しい家庭を作り（さァ、これから子育てを）と勢いこんでいる人なら、まさにこの絵本さながら、自らの子への愛、そして「子を持って知る」親の愛を、抱きしめることでしょう。

考えてみますに、今の私たちは、最近の社会の急変に目を奪われ、人間社会の根源にある不変・不動の愛のきずなを、自ら見失ってはいないでしょうか。とりわけ、ティーンエージャーのおぞましい凶悪事件に驚くあまり、変わることのない親、とくに「母性の愛」を自覚し、さらには、その大事さを語り伝えることを、忘れているのではないでしょうか。

そんなとき、この本を読み聞かされ心をうたれた、と語っている高校生がいたということ。ここに、私たちは新しい希望と勇気を見いだす思いがするのです。

『スイミー』――内容だけでなく表現も

あなたは『スイミー』という童話を知っていますか?

作者はレオ・レオニ。一冊の絵本としても出ていますし、小学校の国語の教材にもなっています。その話のあらましは――。

〈どこかの海で仲よく暮らしていた小さな魚たち。みんな赤いのに、一匹だけ真っ黒い魚の名まえはスイミー。ある日、恐ろしいまぐろが、つっこんできて、魚たちをのみこんだ。やっと助かったスイミーは、とてもさびしかったが、やがて元気をとりもどし、仲間の小さい赤い魚たちに呼びかけ、みんなで大きい魚のかっこうを作り、真っ黒い自分が目になり、そしてまぐろを追い出した〉

この話は、大人が読んでもおもしろいです。平和に暮らしていた小さい者たちをふみにじった大きな悪が、小さい者の知恵と仲間の団結で、やっつけられる。小さい赤い魚たちが大きな大きな魚のかっこうを作り、真っ黒いスイミーが目になる。なんと愉快なアイデアでしょう。

あなたが注目されるのも、きっと、この思いつきと団結のすばらしさでしょう。私がかつてこれを読ませた学生たちの感想も、ここに集中していました。この童話の副題も「小さいかしこい魚の話」となっています。だから、この話の内容を楽しむのは、当たり前のことですね。

しかし、そこだけが、つまり内容だけがおもしろいというのではありません。文章はどうでしょう？

たとえば、まぐろがつっこんできて、スイミーが逃げるところ。

「ある　日、おそろしい　まぐろが、おなかを　すかせて、すごい　はやさで　ミサイルみたいに　つっこんできた。ひと口で、まぐろは、小さな　赤い　魚たちを、一ぴき　のこらずのみこんだ。にげたのは　スイミーだけ。スイ

ミーは　およいだ、くらい　海の　そこを。こわかった。さびしかった。とても
かなしかった」

テン（、）やマル（。）に気をつけて、音読してみましょう。口調はどうでしょう？

しかも、ここにはいろんな言い回しが使われています。たとえば、「ミサイルみたいに」（比喩）、「にげたのはスイミーだけ」（名詞止め）、「スイミーはおよいだ、海のそこを」（倒置法）、「こわかった。さびしかった。かなしかった」（たたみかけ）。

原文もよいのでしょうが、訳文もよいですね。訳者は詩人の谷川俊太郎さん。こんな文章なら、もう読んだだけで、心がワクワクします。

ところが、私たち大人ときたら、親でも先生でも、お話や文の内容ばかりに目を向けがち。せっかちに、子どもの読書に人生教訓をくっつけがち。これでは、せっかくの読書が、子どもを本ぎらいにするだけです。子どもを本好きにするには、考えさせるより、楽しませ、感じさせることから始めたいものです。

それにつけて、耳寄りな話があります。この『スイミー』を教科書で勉強した、あるクラスの先生が語ってくれたことです。

「子どもはほんとに、まっさらな紙のようなものですね。自分の日記に『……ぼくは考えた。うんと考えた。うんとうんと考えた』と書いた子がいました。習ったばかりの『スイミー』の口調。『スイミーはかんがえた。いろいろかんがえた。うんとかんがえた』を、こんな形で使ったんですね」

この子だって、スイミーの思いつきやがんばりも、きっと楽しんだことでしょう。しかし、それだけではなかった。あの文章のリズムや言い回しの楽しさをも、じゅうぶんに感じ取っていたのでしょう。自分の文章に早速、故意か偶然か、「名口調」が現れました。先生のりっぱなご指導も、もちろんあったことでしょう。が、それにしても、よい本のすばらしさ、そしてそれを感じ受け取る子どものすばらしさ。驚くではありませんか。

『走れメロス』――自分の好みわからぬ学生

先に、日本の子どもたち（小学校五・六年生）は、『オオカミと七ひきの子ヤギ』を自由に、個性的に楽しんでいる、と申しました。しかし、子どもが成長して、高校生や大学生になっても、このことは言えるでしょうか？

かつて私は、大学生（私の受講生）に短い小説を読んでもらい、こうたずねました。「この小説の中で、君の好きな文章を取り出し、その理由をかんたんに書くように」

念のために言っておきますが、彼らは、そうとう勉強好きで、本も多く読んでいる学生たちでした。

使った小説は、太宰治の『走れメロス』★5。あなたも、中学校の国語の時間に習ったかもしれません。

〈罪をえて牢屋《ろうや》につながれたメロスが、妹の結婚式に出る。その間、親友のセリヌンチュスが牢屋に入る。期日までにメロスが帰らないと、代わりに殺される約束である。が、メロスは、道中の困難と心の誘惑に打ち勝って帰り、処刑寸前の友は助かった〉

さて、これを読んだ学生たちの「好きな文章」は、どうだったでしょう。[☆3]

A「信じられているから走るのだ」「私は、信じられている……走れ！　メロス」など、信頼と誠実を語る文を選んだのは四十二人（七二％）です。

B「正義だの、真実だの……くだらない。人を殺して自分が生きる。それが人間世界の定法だ」など、人間の弱みや醜さを語る文を選んだのは、六人（一〇％）です。

C「ふと耳にセンセン水の音」「初夏、満天の星である」など、具体的な情景を描いた文を選んだのは、十人（一七％）です。

七二％の学生が選んだAの文章は、この小説

のテーマをずばり言ったものです。だから、「そこが好き」という人が多くて当然ですが、少し集中しすぎではないでしょうか。ある学生に至っては、「先生、何と言っても、ここでしょう！」。恐ろしいばかりの自信ですね。

そこで、私は気づきました。この学生たちは「好きな文章」というのを、「正解の文章」と取りちがえたな、と。いつもいつも、短文を読まされては、「この文の言おうとしているのは何か。次のイ、ロ、ハ、ニの中から一つ正しいものを選んで、マルをせよ」。いわば、大意把握、正解唯一主義に慣れ親しんできた彼らです。

いや、取りちがえたというより、「君のお好みは？」と聞かれても、自分自身の「好み」がわからない。一種の感性まひになっているのかな？

それに、学校の国語の授業も、そのすべてとは言いませんが、良くないです。その証拠に、このとき、ある女子学生は、なんとなんと「メロスは単純な男である」という文章を選び、その理由ともつかぬコメントをこう書いていました。「別にどうということはありませんが、国語の授業だったら、けっしてここは選ばなかったでしょう。この講義だから、自分の一番強く感じたことを率直に発表します」。私の講義がよっぽどよかった、と自慢しているのではありません。多くの国語の授業で「強く感じたことを率直に」よっぽど言わさないのですね。

少し専門的な話になるかもしれませんが、学校でやる文学の授業は、理屈っぽいです。しかも、その作品のテーマとか「主人公の心情の変化」とか、とても奥深いことを問題にするものですから、楽しいというより、苦しくなります。たとえば、『大造じいさんとがん』（小学六年の教材）の「主題はなんだろう」。といっても、それは「がんの勇気」か「フェアプレー」か「大造の意識の変化」か、研究者の間でもはっきりしないそうです。そんなむずかしい問題を、授業で、はっちゃかめっちゃかやりあいます。こうなると、子どもたちが作品を初めて読んで「ハッ」と気づいた感性——素朴な感じ、率直な感じ、そして多様な感じなどは、どこへやら。ただただ理屈を戦わせて、「唯一の正解」を求めようとする。

なるほどこれでは、勉強すればするほど、本を読んでも感じなくなる。感じても言えなくなる。そして、文学がきらいになる。そういう流れになるのでしょうね。

［注］

☆1　片岡徳雄『子どもの感性を育む』ＮＨＫブックス　一九九〇年　七五頁

☆2　『小砂丘賞作品集』二四　高知市民図書館　一九九九年　所収

☆3　詳しくは、片岡徳雄　前掲書　五三頁以下

4

想像する

読書しながら、人は心に自由な絵を描く。

『アンデルセン童話』——子どもの想像力と率直さ

童話といえばアンデルセン。彼の童話[★1]なら、だれでも、その一つや二つは知っているでしょう。なかでも「マッチ売りの少女」は有名です。

〈おおみそかの、雪の降った晩。一人のみすぼらしい、年のいかない少女が、マッチを売りに街へ出かけます。が、だれも買ってくれません。疲れと寒さのため、少女は街角にうずくまり、指先をあたためるため、マッチを一本すりました。すると、テーブルの上にごちそうが現れました。次にマッチをすると、クリスマス・ツリーが現れました。次にすると、やさしかったおばあさんが現れました。「おばあさん、わたしをつれてって」。少女は残ったマッチの束をすりました。すると、少女はおばあさんにだかれ、光と喜びにつつまれて高く高くのぼり、神のみもとに召されました〉

これを読んだある人は「この世の絶望があの世での救いになる、と思った」と。

なるほど、そうです。でも、話はまだ終わってなく、こんな一節がついています。〈あくる朝、マッチをもった少女が、ほほえみを浮かべて死んでいました。「この子は、あたたまろうとしたんだね」と人々は言いました。しかし、この少女が、どんなに美しいものを見たか。どんなに光と喜びにつつまれ、おばあさんといっしょに新年を祝ったか。それを知っている人は、だれもいませんでした〉

大人に比べ、子どもの想像力には、すばらしいものがあります。そのことをこの童話の最後の一節は、言っているのでしょうか。

ほんとうに、幼な子の想像力は、一瞬にして教室を劇場にする力をもっています。ある幼稚園の自由時間のときでした。教室の隅に二まい畳を敷いて作った「家」には二人の女の子。だだっ広い床の上ではその家を目ざして、「ハーハー」のたうっている一人の男の子。「海」を泳いでいる、と聞かされて私がまざまざと思い

出したのは、いつか観た東京・歌舞伎座、市川猿之助海中大暴れのシーンでした。そのときの海は「ゆれ動く青い大幕」で、泳者の演技も抜群です。しかし、くり広げられている想像力には、甲乙はつけがたいと思いました。

ところで、私たちはまた、こんなことを子どもによく言いはしないでしょうか。「おとぎ話みたいなことを言うでない。世の中はそうはかんたんでないし、思っても言っちゃあならぬこともあるんだよ」。こんなしたり顔のたしなめも、ときにはよいでしょう。が、じつはこれは、感じたり思ったりしことが言えなくなった、大人のさびしさかもしれませんね。

アンデルセンの「王様の新しい着物」は、真実を言える子どもから見た、それが言えなくなった大人のあわれな話です。〈着物の好きな王様のところへ、ペテン師が二人やってきて言いました。「今まで見たこともない美しい着物をこれから作ってさしあげます。だが、それは、今の役目に向いてない者やおろか者には、見えない着物です」。それから後、二人は何一つ着物を織ってはいないのですが、着物を見にきた役人も、それを着せられた王様も、その王様の行列を見た人々も、

「見えない」と言ったら「今の役目に向かない者やおろか者」にされますから、「すばらしい」「すばらしい」と言います。が、ただ一人、小さい子どもが「だけど、なにも、着てやしないじゃないの」。言われてみれば、見物人も王様もそう思いはじめますが、行列をやめることができません〉

痛烈な話ですね。大人は「あの王様はおかしい」「あの上司はまちがっている」とわかっていながら、そう言ったら自分がどう見られるか、どうなるか。そこを思い、黙っている。そんな日々の多い大人に比べ、子どもは純粋、率直そのものです。

しかし、大アンデルセンの童話といったってピンとこないのもあります。「みにくいあひるの子」は、なんとなく私は好きになれません。どうしてかは、うまく言えないのです。ところが、作家の佐野洋子さんがお子さんにこれを読み、最後に白鳥になってよかったね、というところに来ました。すると子どもが「なんであひるじゃあいけないの？」「じゃ、どうすればいいわけ？」「あひるはあひるとして、りっぱに生きていけばいい」というお答え。[☆1]（うーん、作者のアンデルセンを超える、この想像！）おかげで、私の胸のつかえも、スーッと取れました。

『三びきのくま』――秩序の予想、変化の予想

昔話には、よくくり返しが出てきます。外国のものにも、日本のものにも。たとえば、『桃太郎』がそうでしょう。きびだんごを、犬と猿ときじがそれぞれもらいます。「桃太郎さん、桃太郎さん。お腰につけたきびだんご、一つください、お供します」。このセリフが、三べんくり返されます。正直に言って、読むほうはうんざりですね。

なかでも『三びきのくま』★2は、くり返しの最高です。

〈むかし、あるところに、三びきの熊が暮らしていました。でっかい大熊、中ぐらいの中熊、そしてちっちゃい小熊です。

ある日、熊たちはそろって出かけました。するとその留守に、女の子がやって来ました。

まず、おかゆが三つあるのを見つけました。大きい入れ物のおかゆは熱すぎま

す。中ぐらいのは冷たすぎます。小さいのがちょうどの温かさ。女の子はそれを食べました。

次は、いすに腰をかけようとします。大きいいすはゴッゴッ、中はブワブワ、小はやわらか。これにドスンとすわると、こわれました。

次は、ベッドです。大きいベッドは頭のほうが高すぎ、中は足のほうが高すぎ、小はちょうど。女の子はそこで寝ました。

やがて、熊たちが帰ってきました。

まず、大熊は大声で「おれのおかゆをたべたな！」。中熊は中ぐらいの声で「あたしのおかゆをたべたね」。小熊は小声で「すっかりたべちゃったよ」。

次は、いすです。大熊「おれのいすにすわったな！」。中熊「あたしのいすにすわったね」。小熊「こわしたな」。

最後は、ベッドです。大熊「おれのにねたな！」。中熊「あたしのにねたね」。小熊「ぼくのベッドにねたね。そして今もねているよ」。
女の子は夢からさめ、窓から飛び逃げました〉
どうです。おかゆが三つ、いすが三つ、ベッドが三つ。それに女の子と熊がかかわります。3×3×2＝18。一八回も同じようなことがくり返されます。しかも、その三回目、小熊のところで大事件です。なくなったり、こわれたり、人がいたり。同じくり返しにみえて、（えッ）と驚く変化があるわけです。
三回目に事件が起こる。これも、昔話にはよくあるパターンでしょう。先に取り上げた『オオカミと七ひきの子ヤギ』もそうでした。狼は「トントントントン。お母さんだよ、戸をお開け」。これを三回くり返し、三回目に、狼は子やぎたちをだますことができました。大事件ですよね。
昔話の、三回のくり返しと三回目の大事件。これはいったいなんでしょう？百々佑利子さんの考えを知って、わかりました。☆2
〈同じ事件のくり返しは、世の中の法則・秩序を示している。幼児は、このくり返しを聞くことで、これになじみ、〈次はこうなるんだよ〉と予想する力がつく。よく幼児は「いつもそればっかり」と言うが、これは不満を言っているのではなく、法則・秩序を予想でき始めたことを自慢しているのだろう。

また、場合によっては、くり返しの最後に予想外の事件が起こる。幼児は「エッ、なんだって⁉」。今までのパターンの予想とちがうので、びっくりする。が、この驚きによって、幼児は変化・創造というもののあることを知り、それを予想する力がつくことになる〉

なるほど、なるほど。幼児にとって、昔話の三回のくり返しは、法則・秩序を予想させ、三回目の事件は、変化・創造を予想させる――というのですから、昔話はたいしたものです。私たち大人にとっては、まどろっこしいくり返しであったり、なんだこんな事件と軽く見るものだったりする、ものかもしれません。しかし、そういう昔話は、世の中や人生についての、幅広い予想、想像の力を育んでいるのですね。

ごっこ遊び——とっさの新しい予想

「本を読む子」ではなくて、「ごっこ遊びをする子」の話です。

私が小学校一年生のとき、放課後、教室でよくやった遊びがあります。みんなで名づけて「ガラガラ、スッテン、ガチャンごっこ」。どんな遊びでしょう？

そこでは、男の子は、いつも悪いオオカミ、魔法使い、子取りの役になり、女の子はいつも、子ども役、母さん役になる。それに、遊びの大筋も、だいたいいつも決まっていました。

〈まず、子ども役の女の子たちが野原に現れます。とつぜんオオカミや子取り役の男の子に襲われ、子ども役は逃げ回り、オオカミ役は追いかけ回します。

やがて、教室のコーナーにある「お家」から、母さんが「子どもたちー。早くー」と叫びますから、子どもたちは家に走り込み、口をそろえて「ガラガラ、スッテン、ガチャン」。戸がしまった、と宣言されたのですから、オオカミらは入ることができません。「ウオー、ウオー」と外でのたうち、残念がります。するると、母さんが「どれ、オオカミはいなくなったかしら？　ガラガラ」と言いながら戸を開けます。「待ってました」とばかりに男の子たち。家の中に飛び込み、女の子たちと戦いあい、女の子たちが食べられたり、じゅ文をかけられたり、逆に、悪者たちが逃げ出したり、泣かされたり……〉

こんな変な遊びを紹介したのは、ほかでもありません。それは、これにかぎらずどんな「ごっこ遊び」にも、子どもたちの役割演技と予想する力が働いている。[☆3]このことを言いたかったのです。だって、そうでしょう？

まず、男の子の演じる悪役と女の子の演じる良い役は、上手下手のちがいはありましたが、だいたいいつも同じ。みんな予想されました。

それに、ここは野原だ、道路だ、お家だ、「ガラガラ、スッテン、ガチャン」は戸の閉まった

合図だ、といった取り決め。これを破ったらどうなるか（みんなから総スカンをくい、ハネにされる）。みんな予想できました。

次に、そんな決まり切った予想だけではありません。とっさに、新しい予想が求められることもあります。

たとえば、オオカミらは子どもたちを追いかけ、追いつきそうになっても、ここでつかまえちゃーおもしろくないや、と自分なりに予想します。

あるいは、母さん役はまだ戸はしめておこうと思っていても、オオカミたちに「早く、早く」とせがまれると、目の前にいるのは百も承知で、戸を開ける。そうするのは、次にオオカミらと格闘することを、いわばオオカミの身になって、予想すればこそ。しかも、そんな予想で遊びがいっそう楽しくもなるのです。

つまり、ごっこ遊びに働く予想にも、二つのものがあるわけです。一つは、きまりきったことを予想して、それに従うこと。たとえば、遊びの大筋はどんなものか、だれがどんな役をやるか、そしてどんなルールがあるか。みんなよく知っています。だから、これは、前回の「昔話のくり返し」の予測と似ていますね。

この遊びを支えている法則・秩序が予想されている、と言ってもいいでしょう。もう一つの予想は、とっさに求められるもの。たとえば、ここではまだつかまえないストーリーなのに、追いつきそうになった！　さァどうする？　まだ開けてはならぬはずの、この戸を、オオカミたちは早く早くとせがむ！　さァどうする？　こういうときには、とっさに、新しいことを考えねばなりません。「昔話の事件」の予測と同じですね。それは、このごっこ遊びをおもしろく続けるために、とっさに必要な、変化であり、創造なのです。

ごっこ遊びにも、昔話にも、法則・秩序の予想と、変化・創造の予想がひそんでいます。ごっこ遊びという社会体験からも、昔話を読み聞く文化体験からも、子どもたちは、予想する力をつけ、想像の翼で、だんだん成長するのですね。

しかし、私たちのころに比べると、今の青少年は「昔話を聞かず読まず」「ごっこ遊びもあまりせず」と言われます。だから、社会のルールを守らず、相手の立場に立って予想することができないのでしょうか？　幼児の最初の段階「自閉性」の「わがまま」にとどまって、次の段階「相互性」に至ってない[☆4]のでしょうか？

『本を読んで甲子園へいこう！』――開かれたイメージ訓練

毎年、春と夏には、甲子園でいろんなドラマが生まれます。ハイティーンの暗い話が多い昨今、球児たちのドラマは私たちの心をなごませてくれます。村上淳子さんの『本を読んで甲子園へいこう！』★3が、平成十二年七月に出版されました。「エッ、読書と野球、どう結びつくの？」だれしも思うこの好奇心から、私も一気に読みました。

〈静岡市にある常葉学園橘高校の野球部では、平成十年から、小林正具監督の考えで、「朝練」（朝の練習）を「朝読」（朝の読書）にかえ、火、水、木、土は全部員が集まって十分間、思い思いに読みたい本を読み、監督も読む。そして金曜は村上さんの読み聞かせをみんなで聞く。そのねらいは「読書で心を育てる」。心を落ち着け、深くものごとを考え、集中力をつけるには、長時間、野球の練習をしなくても力はつくだろう……。

村上さんは読み聞かせのベテランではあるものの、高校野球部員にはどうだろうか。不安をもちつつ、絵本『ゆずちゃん』『ベロ出しチョンマ』『かわいそうなぞう』『ラヴ・ユー・フォーエバー』などを選び、どんどん読み聞かせた。

さて、一年後の平成十一年の夏、高校野球静岡県大会で異変が起こった。今まで三、四回戦止まり、ノーシードの橘校が、あれよあれよと勝ち進み、準優勝を果たしたのだ。この原因のすべてではないにしても、いかにも遠まわりに見えた朝読や読み聞かせの力を、認めないわけにはいかない〉

ちなみに、その翌、十二年の夏はどうだろう? 聞きあわせますと、静岡県の出場百十四校のうちベスト8、準々決勝にまで進んだそうです。前年だけのフロックとは言えない何かが、今も続けられる読書にあるようですね。

同校の野球部員たちは、読書による心の変化を、こう語っています。

「イメージ・トレーニングができた」

「今までは監督の指示で機械的に動いていたが、頭で理解して体が動き出した」

「フリーバッティングの練習のときなんか、頭の中でいい形を想像できた」

「ランナーコーチのとき、どんな場面で次に何が来るか想像できた」

つまり、読書や読み聞かせで描くイメージ（心の中の像）に慣れた彼らは、野球のときにもイメージを描き、その集中力と判断力によって主体的に動けた、というのですね。

もちろん、野球はズブの素人の私でも、高校球児が甲子園に行くのに、このような読書だけにこだわることはない、ほかにいくらでも訓練法はある、と思います。しかし、大多数の高校球児の日々の厳しい訓練は、将来、プロの野球に進むことだけではなく、さまざまな人生コースに役立つためにある、と考えたらどうでしょう。この『本を読んで甲子園へいこう！』で示されている方法は、大いに意味があるように思います。

言ってみればそれは「開かれたトレーニング」なのです。野球にかぎらず、どんな部活動、どんな専門コースにも、その基礎として「本を読み、本を聞く」イメージ・トレーニングは大事なんですね。

じつは、ほんのちょっとした日常業務や日常生活でも、このイメージをどれだけ描き、応対できるかは、とても大事なこと。たとえば、電話のやりとりがそうでしょう。

私が不在のとき、外から職場に電話がかかったとします。取り次いだ者が「不在です。すみません」だったら、これは「いる、いない」の事実通告。留守番電話にも劣る応答です。そこをどうでしょう。心をこめたことばで「こちらからおかけします。よろしかったら、お名前とお電話番号をお聞かせくださいませ」。これは、相手の身になって応対しているとも言えますし、心に浮かべたイメージ——送信者と不在者のことをそれぞれ想像して描いた心の像——に対応しているとも言えます。そこが、人間とロボットのちがうところです。

さらに、新しいものを作っていく、または考えていく、高度な創造の仕事や業務になると、イメージの働きがなければ、なに一つ始まりません。

これからますますコンピュータ化される時代。だからこそ、本を読むという、イメージをゆたかにする一種の「トレーニング」は、大きな意味をもつことになるでしょう。

『ロビンソン・クルーソー』——関心から生まれる興味

「今の子どもたちは、乳ばなれが遅く、独り立ちがなかなかできない」「今の青年は職につくことにあくせくせず、ぶらりぶらりのモラトリアム（猶予期間）がじつに長い」こんな不評をよく聞きます。たしかにそうです。

が、こんな今の青少年にも、（親や周りの大人から解き放たれて、不安だけれど、のびのび一人でやってみたい）という思いは、とくに思春期にはあるはずです。

そういう不安と夢に見事に答えてくれるのが、イギリスのダニエル・デフォー作『ロビンソン・クルーソー』★4です。この本が出版されて二百五十年。世界中の子どもたちに愛されてきました。子どものころ、私もそれを、短くはしょったものでしたが、読みました。そして、この主人公の生活に、こう言うのも変ですが、とてもあこがれ（!?）ました。

〈主人公のロビンソン・クルーソーは、商人として航海中、船が難破し、熱帯の孤島にたった一人で漂着します。さあ、それからは、食べ物、着る物、住む所、すべてを自分の手で作り出さねばなりません。彼は一人で、魚をとり、けものを狩り、ヤギを飼い、乳をしぼり、畑を耕し、種をまき、暦をしるし、日記を書き、帽子を作り、衣服をつくろい、ほら穴を掘り、居間を広げます。さらには、丸木を切り、カヌーを作り、それをこいで、全島を探検し、原住民の襲撃《しゅうげき》に備えてさくを構え、鉄砲を用意します。やがて、フライデーという黒人を従者にして、悪い原住民と戦い、また悪い英国人とも戦い、それらに打ち勝ち、この島を脱出しました〉

子どもの私は、主人公の置かれた、恐ろしい、苦しい、そしてさびしい、たいへんな立場のことはあまり気にせず、ただただ（いいなあ、えらいいなあ）と思いました。

私は当時、独り立ちの遅れた甘えん坊でしたが、いや、だからこそ、彼の自立の生活に目を

見張ったのでしょう。そのうえ、クルーソーは、難破した船から持ち出したいろんな道具、たとえばナイフ、くぎ、なた、鉄砲などを使って、さまざまな物を作りました。私はとくに手先が不器用でしたから、彼のこの創意工夫の力にことさらびっくりしました。

しかし、今回もう一度読み返してみて、新しいことに気づきました。それは、「私は孤島の孤独の生活に耐え抜く精神力などとてもないが、クルーソーはどうしてできたか」。その答えは、はっきりしていました。それは、不屈の自立と創意工夫を支えるもの、彼が難破船から道具とともに持ち出した聖書でした。

彼はそれを毎日、読みました。その中に「われなんじを去らず、なんじを捨てず」ということばがありました。この神のことばが、彼の心を支えました。とともに、自分の不幸をただ不幸とは思わず、自分はまだ幸せなほうだと考える。そういうプラス思考、つまり進取の考えも、彼の心を支えていました。二十八年間、この孤島で生活できたのは、神を信仰する心と進取の心でした。

さて、今回も前回も、私は『ロビンソン・クルーソー』をたいへん好んで読みました。しかし、ずいぶんちがったところで感動しています。そこが文学のもつ力なんですね。いったい、そもそも文学というものは、どうして人に好まれるでしょうか。私はその専門ではありませんが、こんな説明があります。[☆5]

〈人はなぜ文学を好んで読むか。文学がおもしろいからだ。なぜ文学はおもしろいか。読者が作品中の人生を他人ごとのように思わず、自分のことのように思う。つまりインタレスト（関心、身近さ）を持つからだ。また、すぐれた文学を読んだとき読者は感動する。感動とは、豊かで深い人生を経験したことであり、すぐには行動を起こさないにしても、新しい生き方や考え方をもたらすだろう〉[☆6]

これと同じく、作家の井上ひさしが自分の幼少期の読書について言います。「本というものは、どこかで読者の人生と重なりあうものなんですね。人物設定がそっくりだったり、台詞が聞いたような言葉だったり……。そして、自分に似た境遇の主人公の行く末をみきわめたいという思いが読書欲をわかせる。僕が子供の頃から本に夢中になったということには、きっとそうした背景がある」ように思います、と。言われてみれば、あなたも、きっとそうではないでしょうか。

『身体検査』――「なにも言えない」大人の世界

ロシアの作家、ソログープ『身体検査』という短編は、ずいぶん昔、昭和一一（一九三六）年、山本有三編『世界名作選[★5]㈠』（『日本少国民文庫』の一冊）に収められています。

こんな話です。

〈……ある日、学校で盗難事件が起こった。シェーラーという貧しい家の子に、疑いがかかる。先生に呼ばれ、厳しく調べられる。とうとうシャツ一枚になって、身体検査を受ける。「ぼく、盗んでいません」。シェーラーは恥ずかしさとくやしさで、泣きながら訴える。やがて、盗まれた物は別の所から出、疑いは晴れ、家に帰る〉

この小説の最後は、こう結ばれています。

「身体検査のときの屈辱感は、少年の心にいつまでも残っていた。それは胸に深くきざみこまれた。……しかし、これも経験なのだ。人生に有益な経験なのだ。ママは泣きながらいった。『なにもいえないんだからね――大きくなったら、こんな事どこじゃない、まだひどい目にあうかも知れないんだよ』」

私はこの作品を、「はじめに」でもふれました『橋をかける』で知り、あらためて読みました。

美智子皇后さまはこの小説に、こんな感想を持たれています。☆7

「（太平洋）戦争中にはとかく人々の志気を高めようと、勇ましい話がおおかったように思うのですが、そうした中でこの文庫の編集者が、……この『身体検査』のような話を、なぜここに選んで載せたのか興味深いことです。

生きている限り、避けることの出来ない多くの悲しみに対し、ある時期から子供に備えさせなければいけない、という思いがあったのでしょうか。……悲しみは誰もが背負っているのだということを、子供達に知ってほしいという思いがあったのでしょうか」

まったくそのとおりですね。この『日本少国民文庫』の読者層は、小学高学年生から中学生たちでした。彼らは、だんだん大人の世界を知る年ごろです。いつまでもメルヘン（童話）の世界や胸おどる冒険少年小説の世界にとどまることはできません。子どもの世界とはうって変わった大人の世界のみにくさ、複雑さ、そして巨大さを知ることが迫られます。しかも、なおそこで、人間としての、愛ややさしさ、正義や理想を失いたくない。そういう段階に立つ子どもたちの心準備の一つとして、『身体検査』の「悲しさの自覚」と「悲しさへの思いやり」があったのですね。

それにしても、この作品のママのことば。

「なにもいえないいんだから――大きくなったら、もっとひどい目にあうかも」なんというくぐもった暗さでしょう。「あの王様は裸だよ！」と言い放った子どもの率直な明るさに、ついさっきふれたばかりですのに。なんという大きな隔たりでしょう。しかし、この隔たりに両足をかけてこそ、大人の世界で生きていけるのです。このことを、読書をとおして子どもは予想し想像することになるのでしょうか。

話は変わりますが、「夏目漱石の『坊ちゃん』は、いつ、どの年齢で読んでみても、それぞれにおもしろい」と言った方がありました。それを思い出し、この前、読んでみました。さすがは漱石。ここには、「王様は裸だ！」の世界のあることはもちろん、「なにもいえないんだから」の世界もありました。やはり今度も、坊ちゃんの小気味よい啖呵《たんか》や痛快なアクションがよかったのですが、赤シャツや野だいこの悪に追いやられて延岡に去るうらなり先生が、今回ほど心に残ったことはありません。そして、漱石の『こころ』の主人公「先生」を、ふと思い出しました。この人物こそ、「なにもいえない」世界で「ひどい目にあった」人。そういう体験をとおして、「自我とはなにか――その悲しみと苦しみ」を、私たちに訴えているのではないか。そんな想像をしたことでした。

[注]

☆1　『別冊　太陽112』平凡社　二〇〇一年　六三頁

☆2　百々佑利子「昔話の聴き手がもつアンティシペイション」『飛ぶ教室』光村図書　一九八三年冬号　所収

☆3　T・M・ニューカム（森　東吾・万成　博　訳）『社会心理学』培風館　一九五六年　三〇六―三一〇頁

☆4　ピアジェの説による。

☆5　桑原武夫『文学入門』岩波新書　一九五〇年　とくに第一章、第二章

☆6　井上ひさし　インタビュー記事「読書と人生」『鳩よ……』一九九三年一二月

☆7　美智子『橋をかける―子供時代の読書の思い出』すえもりブックス　一九九八年

5

考える

読書しながら、人は広く深く考える。

『わらしべ長者』——素直さと柔らかさ

子どもに読み聞かせる昔話は、「人生はいろいろなんだよ」と、私たちに教えてくれるものです。しかし、それにしても、一方に、主人公がいろんな災難・問題を苦心して解決して幸福になるタイプがあるかと思えば、他方には、主人公がぶらぶらしていて成り行きで幸せになるタイプがあります。「どちらがほんとうなの？」と決めつけるのは、じつは昔話を読んだことにはなりません。

と、わかっていても、私たちは「がんばる」とか「がんばれ」とかよく言いますから、前者のタイプがなんとなくピンとくるかもしれません。が、後者だってなかなかどうして。たとえば、日本の昔話『わらしべ長者』★1がそうです。主人公は、なんの苦もなく、幸せになったみたいですが——。

〈お寺におこもりしていた一人の若者が「はじめにつかんだものをたいせつに」という仏様のお告げを聞く。目がさめて、お寺を出て転び、彼が最初につかんだのは、一本のわらしべ。次に、あぶが飛んできたので、わらしべの先にしばる。男の子がほしがるので、それをやると、みかん三つをもらう。水をほしがる人に出会ったので、そのみかんをやると、絹の反物を代わりにもらう……というように、だんだん大きいよいものにかわっていき、最後には、広い家屋敷と田んぼを手に入れ、「わらしべ長者」と言われるようになった〉

「へェーそんなうまい話ってあるの!?」。それがあるんです、世の中には。たまたまつかんだ運が、人生、生活を大きく左右する話が。

たとえば、科学の世界――研究という、努力と理論をコツコツと積み上げる世界――でも、そうなんです。科学の研究で「思ってもみなかったことを偶然に発見すること」を「セレンディピティー」と言うそうです[☆1]。この一番有名な例は、レントゲンとペニシリンの発見です。これらの研究者は、もともとやっていたこととは別のことに、たまた

ま気づき、その研究に転じ、大成功を収めた人たちでした。

じつは、このセレンディピティーという名は昔話から来ているのです。セイロン島（スリランカ）の二人の王子が、旅の行く先々で、たまたま出会った幸運によってドンドン幸福になる、という昔話だそうです。

私は、このセイロン島の昔話をじかには読んでいません。しかし、「セレンディピティーという幸運をつかむ研究者」はどんな人だろうか。これにふれた本を読んだことはあります。それによると、「偶然の発見」をもたらすのは「明敏な観察力」とのことですが、そういう力をもった科学者には「開放的な柔軟さ」という性質がみられる、というのです。[☆2]

どうです？　ここまでくると、「わらしべ長者」のあの若者に少し似通ってきたでしょう。だって、正確に言えば、彼は次々と幸運に出会って長者になった、というのではありません。「出会った偶然を幸運にしたてた」というほうがよいのですから。そして、そういうことができたのは、彼に「開かれた素直さと柔らかさ」があったからです。そうでしょう？　彼は、夢に現れた仏様のお告げを「ハイ」と受け入れました。次から次に出会う人からせがまれるままに、「ハイ」と自分のものを惜しげもなく与え、代わりのものをもらいました。そこには、へんな我意やこだわりは微塵《みじん》もありません。そこに光っているのは、周りからの願いや期待に対する、素直さと柔らかさ。これが偶然を幸運にした力ですね。

昔話の専門家・小沢俊夫さんのお考えを、ついこの前お聞きしました。[☆3]それによりますと、「わらしべ長者」は「子どもが今もっている物を出させることで、次の段階に成長する」ことを語っている、というのです。私は、なるほど、この昔話は「偶然の幸運」というよりも「よさの表出による成長」ということもできるな、と自説を深く反省しました。が、それにしても、そういう成長ができたのも、この若者に「開かれた素直さと柔らかさ」があったからこそ、という思いは変わりませんでした。

このような性質こそ、「偶然を幸運にしたてる」にしろ、「よさの表出による成長」をするにしろ、時代を超えて、大事にしたいものなんですね。

『つるにょうぼう』——日本女性のあわれとうらみ

日本の昔話に『つるにょうぼう』または『鶴の恩返し』という話があります。これは、木下順二作『夕鶴』という芝居にもなり、その主演女優・山本安英の名演もあって、とても有名な話になりました。この昔話の元はこんな大筋です。

〈嘉六という貧乏な男が、ある日、わなにかかって苦しむ鶴を助ける。と、あくる晩、きれいな女が家にやってきて、「あなたの嫁にしてください」。いくら断ってても願うので、嫁にすることにした。しばらくして女は「私を三日、戸棚の中に入れ、けっして戸の中を見ないでください」。四日目に出てきた女はやつれていたが、美しい反物を見せ、高い値段で売ってくださいと言う。男からそれを買った殿様が、もっとほしいと言うので、男は家に帰り、そのことを話すと、女は「七日間、戸棚の中に入ります。中をのぞいてはなりません」。六日目に男は心配になり、のぞくと、一羽の鶴が裸になり、自分の羽を抜いて反物を織っている。

鶴は「私はあなたに助けられた鶴です。体を見られたからには、もうおいとまします。反物はどうか売ってください」と言って去って行った〉というところで、子ども向けの話は終わります。がじつはまだ少し話は残っていて、〈男はお金はできたが、別れた鶴に会いたく、探し歩き、とうとうこの鶴に出会い、ごちそうになって男は帰る〉というのです。★2

この話は、ほんとうに日本的な話ですね。「恩返し」というところもそうですが、そこは仏教のいう「報恩ばなし」めいています。それよりも、こういう異類婚——人と動物の結婚——話そのものが日本的なんです。「もともと動物だったものが、人間の女性になって、人間と結婚する」という昔話は、西洋にはまったくないそうです。西洋にあるのは、「もともと人間だったものが、魔法で動物にされ、主人公（男）の働きによって、もとの人間（女）にかえり、めでたく結婚する」という話。☆4 えらいちがいですね。

しかも、この『つるにょうぼう』は女の話です。女が求婚し、女が労働し、女が離婚する。女主導の話です。もっと言えば、「見るなの禁」を破った男の罪よりも、女の「見られた恥」が大きく取り上げられ、消え去ってゆきつつも「うらみ」を残した女の「あわれ」が心に強く残ります。[☆5]

この考えからふと、私は江戸時代に生まれた『東海道四谷怪談』（鶴屋南北）のお岩さんを思い出しました。（えっ！　なんで？）と笑わないでください。お岩は悪い夫・伊右衛門にだまされ、いじめられ、殺された女。この鶴女房とは、似ても似つかぬ立場です。しかし、「消え去ってゆきつつもうらみを残した女のあわれ」は、ここにも、恐ろしいほどあるわけです。お岩は初め、夫に仕え、従う、やさしい女。ところが、夫が自分を裏切ったと知り狂い死にした後は、そのうらみはたいへんなエネルギーとなりました。悪い夫にたたり、苦しめ、彼にかかわるすべての人を殺し、彼との間に生まれた赤子さえ殺します。こうして、お岩は日本一、恐ろしい幽霊になりました。[☆6]このお芝居を観た人ならだれだって、「消え去ってゆきつつもうらみを残した女のあわれさ」と「こわさ」を知り、日本女性のすさまじい活力を思い知ることでしょう。

このような日本女性の活力は、あの『安寿《あんじゅ》と厨子王《ずしおう》』[★3]にもみられます。奴隷となった二人の姉弟、安寿と厨子王。姉は「私はここに残るが、お前は京にお逃げ」とさとし、火責め、水責めの刑を受けて死にます。が、その間に、弟は脱出に成功し、その後、山椒太夫に復讐することができる自由をつかむのです。本によっては、姉の安寿は入水してこの物語から消え去り、あわれを止める、というのもあります。が、もともとの話は、女の決断、勇気を語っているのです。

話を元にもどしましょう。『四谷怪談』はともかくとして、『安寿と厨子王』や『つるにょうぼう』を幼い子どもに読み聞かせても、そんな「うらみ」や「あわれ」や「活力の源」といったことが、わかるかな?

もっともな疑いです。しかし、こんな昔話が日本にあり、伝えられるからこそ、日本人は西洋人とちがう心、「あわれ」を感じる心が育つ。ことばとしては言えなくとも、なんとなく感じることはできる。こう言えるかもしれませんね。西洋の昔話とともに日本の昔話を、今の子どもにしっかりと聞かせたい、というのは、このためなのです。

『三びきのこぶた』——残酷型に示される人生の実相

イギリスの民話に『三びきのこぶた』★4という話があります。日本の子どもにも人気があるようで、この本を、幼稚園や保育所でよくみかけます。こんな話です。

〈三匹のこぶたが、お母さんの家から出て、それぞれ家を建てることになった。一番目のこぶたは、わらで家を作ったので、オオカミに家を吹き飛ばされ、食べられた。二番目のこぶたは、木の枝で家を作り、食べられた。三番目のこぶたは、煉瓦《れんが》で作ったので、オオカミは家を吹き飛ばすことができない。

そこで、オオカミはこのこぶたを外に誘い出し、食べようとするのだが、こぶたの知恵に負けてばかり。頭にきたオオカミは、こぶたの家の煙突から入りこむが、下に構えてあった大なべに落ちこみ、こぶたはオオカミを煮て食べ、「それからずっとしあわせにくらしました」〉

ところが、この、元の民話に近い「原型」タイプを、うんとおだやかに変えた絵本も出回っているのです。どこがおだやかか、というと、次の二か所です。〈まず、家を吹き飛ばされた一番目と二番目のこぶたが、オオカミに食べられず、三番目のこぶたの家に逃げ込み、助かるところ。そして、最後に、煙突から大なべに落ちたオオカミが、やけどをしただけで、「アチチチ」と逃げて行くところ〉先に見た「原型」の「食った食われた」のむごたらしさが、ずいぶん「おだやか型」になっていますね。

さァ、あなたはどちらを、子どもさんに聞かせます?

これについて、幼稚園の子どもたちとお母さんたちにたずねたことがあります。

お母さんたちは、口をそろえて言いました。「オオカミを食べるとは、残酷です」「ショックが大きすぎます」「オオカミがぶたを食べ、そのオオカミをぶたが食べるなんて、子どもの

品性を悪くします」。つまり「原型」のお話は道徳に反する、けしからん、というのですね。

ところが、五歳児の子どもたちは、まるっきり反対のことを言いました。

A子「オオカミが、じゃなくて、こぶたがオオカミ、食べたところが、おもしろかった」。B男「食べられそうになっても、なんか、自分が考えてね。オオカミ、食べたから」。聞き手は思わず突っ込みました。「かわいそうじゃない?」。B男「ウン……オオカミ、悪いから」。

言われてみれば、なるほど、そうですね。

もっとも、子どもがおもしろがりさえすれば、どんな話でもいいんだ、というわけではありません。だからこそ、民話(昔話)をどんな形に直して、今の子どもたちに与えていくか。再話づくりの苦心があるところです。

しかし、『三びきのこぶた』の「原型」にかぎって言えば、ここには、自立の厳しさ、因果応報、幸福願望、という人生の大事な実相を示す教えがあります。

まず、自立するということは、いかにもたいへんなこと。わらや木でかんたんに作った家ではいけません。煉瓦《れんが》でこねて、汗水たらして作った家でないとだめ。それに、オオカミの悪だくみに負けない知恵も持ってなくっちゃァ！　ほんとに、食うか食われるかの戦いです。

次の、因果応報。悪いオオカミは最後にやられました。「ざまーみろ！」最後に、幸福願望はだれにもある願い。オオカミつまり悪が死んで、やっと心から安心できました。「アチチチ」と逃げて行くオオカミでは、いつまた現れるか、不安は残りますものね。

——というわけで、残酷な「原型」には、人生の現実と願いが語られています。だから、大人が読んでも、ハラハラドキドキ。幼い子どもも、一人立ちはしんどいし、意地悪な友だちはいるし、それに、幼稚園はいつも楽園ではありません。だから、身につまされるものがあるのでしょうね。こうして、この昔話も、他の多くの昔話と同様に、「人生にはこんなこともあるのよ」と私たちに示してくれる一つなのでしょう。

『絵で見る日本の歴史』——歴史の全体像にふれる

先日、子どもの読み物に詳しい高知市の北村静子さんから「土佐ご出身の西村繁男さんの本、見られたら……」と言われました。私は不勉強で、この方の作品をまったく存じあげてなかったので、急いで図書館で手にしました。

驚きました。子ども向けの絵本で、こんなすごいものがある！

たとえば、さりげない日常生活を取り上げた『おふろやさん』[★5]『にちょういち』[★6]。巨大なテーマにいどんだ『絵で見る日本の歴史』[★7]『ぼくらの地図旅行』[★8]『絵で読む広島の原爆』[★9]など。

これらの本には、小学生や中学生たちが絵によって学ぶよう、日本の人と社会がじつに克明に描かれています。まるで昔の絵巻物みたい、と思いましたら、作者自身もこの手法を「観察絵本」と名づけていました。

たとえば『絵で見る日本の歴史』です。この六十三ページ、三十一場面には、なんと三千五百人がかきこまれているそうです。すると、ざっと一ページ五十人、一場面百人になりますが、その一人ひとりは、見れば見るほど、表情もさまざまに豊かです。

それにも増して感じ入ったのは、その視点です。たとえば、私たちがふつうよく見かける「歴史のさし絵」は、功なり名とげた英雄や、光り輝く文化遺産です。が、この絵本で取りあげているのは、そんなものではありません。天皇陵や大寺院や大城壁を汗水たらして造っている庶民であり、農作その他、自分の仕事にいそしんでいる庶民です。つまり、私たち日本の歴史の、できあがった結果ではなく、動く過程が生き生きと、しかも私たち大衆の立場からピシッと、収められているのです。

それればかりではありません。歴史全体の巨大な流れが、いったいどんな力で動かされてきたか。それが、手に取るようにわかるしくみになっています。たとえば、江戸時代三百年は、ここでは七つの場面からできています。まず①大名行列（幕府の支配）と②農村の刈り入れ（基盤としての農業）によって、当時の社会の根本を示したあと順次、③巨鯨のさばき、④水運のにぎわい、⑤立ち並ぶ商家（以上、各種産業の発達）を示し、最後に⑥百姓一揆の仕置き（国内の闘争）と⑦黒船渡来（外からの圧力）を描いて、武士の時代の終わりを告げます。この七つの絵の配分が、江戸時代全体の成り立ちと移り変わりを、見事に示しています。

ちなみに、この最後の⑦の場面では、向こうの海に黒船が四隻見え、手前の浜街道には、ものめずらしく見物する庶民の群れを横に、三人の武士があわててふためいて使い番の馬を走らせる姿があります。その「白い砂ぼこり」が、「物情騒《ぶつじょうそう》然《ぜん》」とよく言われた、当時の幕末の世相を象徴していますね。

言っておきますが、この本をいくらくり返し見ても読んでも、歴史テストの成績は上がらないでしょう。だって、テストでよく出るのは、歴史上の事実や事件です。たとえば江戸時代なら、「関ヶ原の合戦の起こった年は?」「国をとざすことは?」「朝廷に大政奉還した将軍は?」といったこと。こんなテストによって、断片的な「トキ、モノ、ヒト」をどれだけ正確に覚えるか。それが歴史の勉強だ、と子どもたちは思い込んでいないでしょうか。

この本は、そんなこととはまったく関係ありません。日本の歴史の流れや歴史を動かしてきた力を、遠景として収めた一枚一枚の絵で見る。そして、その一枚一枚をつなぎ合わせて見ることで、歴史の全体が、コトバでなく、絵で印象づけられる。そこが、この本の特色です。先の七枚の江戸時代の絵がそうでした。これを見た子どもたちは、今まで見たことも考えたこともなかった「巨大な歴史」の全体像に接し、きっと目を見はって驚くことでしょう。

もっとも、西村さんの本は、個人の力を軽く見るというのでも、いつも遠景ばかりで見るというのでもありません。その証拠に『ぼくらの地図旅行』★8は、二人の小学生が地図だけを頼りに、自力で、目ざす岬までたどり着くストーリーです。実際の風景のうえに、地図のさまざまな記号がどのように現れるか。それがとてもおもしろいところですが、「地図もだいじだが、それ以上に、たよりになるのは、友だちだ」という主人公のことばに、作者の視点が光ります。

この本も先の本と合わせ読むと、よいですね。「歴史と地理」の学習が、「遠景と近景」「全体と個人」の視点でなされることになりますから。

『黒いトノサマバッタ』――自然と人間を考える

『わたしの昆虫記　黒いトノサマバッタ』[★10]を書かれた矢島稔さんは、日本で初めてといってよい昆虫園を造られ、それから四十年、バッタやチョウやホタルを育てられた方。「日本のファーブル」ですね。

とくにバッタには強い思い入れがあるようで、こう書いています。〈バッタは毎日、敵に追われる危険な境遇にいるのだが、表情にはなんの曇りもなく、飄々《ひょうひょう》として、むしろ上品。王者の品格すらある〉。熱心な研究者が自分の研究対象にもつアイデンティティ（一体感）の告白。ほほえましいです。

矢島さんは偶然、このバッタと長いつきあいを結ぶようになったのです。一九六〇年、バッタが原っぱや川原にいなくなったころ。多摩動物園からのたっての願いからです。「動物園の猿や鳥には、昆虫という自然食品が必要だから、バッタをたくさんふやし、一年じゅう孵化《ふか》させてほしい」というのです。

　ですから、この本には、それからいろいろ出会った体験や、気づいた自然界の法則などが、たいへんわかりやすく書かれています。なかでも「バッタ釣り」の話などは、自然のふとした体験から、観察が始まり、そしてそれが研究になっていく、自然科学のえも言えぬおもしろさが語られています。

　そうなんです。科学の研究のおもしろさは、ふとしたことから疑問や好奇心をもち、研究を始めるところですね。それに、その問題を解きほぐして行くとき、ああでもない、こうでもない、と工夫をさんざん凝らすところ。ガリレオやパスツールやエジソンの伝記物語にも、「バッタ釣り」の話にも、それがあります。ここなんです。子どもがこういう本を読んでおもしろいのは、科学者の研究体験を子どもが追体験できるからです。子どもは作中の科学者といっしょになって、問題を見つけたときのときめき、問題に取っ組んであが

きあせる苦悩、そして発見し発明した暁《あかつき》の歓喜……などを、自分のことのように「本によって」体験します。今、理科ぎらいの子が多いといいます。だから、学校で「実験・観察を」といいます。たしかに、それも一つの体験ではあるのですが、科学者の伝記物語による追体験も大事ではないでしょうか。この「バッタ釣り」を読んでそう思いました。

この『昆虫記』には、こんな話もあります。

〈野外にいるバッタは、土や石や草と同じ色の緑や茶や灰色なのに、飼育箱で生まれ育ったバッタは、みんな黒一色になる。これを、昆虫学のほうでは「相変《そうへん》異《い》」という。同じ種類なのに、いろんな原因で、外の形つまり相が変わることをいう。

バッタの場合、野外で生きているときは、体の色は緑色かうす褐色などさまざまで、体に丸みがあり、はねは比較的短く、後ろ足は大形になる。これを「孤独相」という。

ところが、同じバッタでも、密着して飼うと、色は黒色になり、体の丸みがな

くなり、はねは長く、うしろ足は小形になる。これを「群生相」という〉

色や形だけではありません。性質までちがってくる、といいます。

〈孤独相のバッタは、互いにあまり触ろうとしないし、飼育係の手が飼育箱に入ると逃げ回る。ところが、群生相のバッタは、互いに集まろうとするし、人の手を恐れず、手の上に乗るのもいる〉

ここを読んだとき私は、最近の日本の青少年の様変わりを思い浮かべずにはいられませんでした。そうでしょう? 少子化で、きょうだい数は少ない。一人ひとりの個性は大事にされすぎるほど強調される。だから、たしかに、かつてのような「黒一色」の無個性ではないにしても、人と人との突っ込んだつきあい、ふれ合い、共同、はては共生が、好まれない。バッタの変異とは逆の方向ですが、「黒い群生相」から「緑や褐色の孤独相」になってしまったんですね。

矢島さんはこの本をこうしめくくっています。「生き物を知ることはけっきょく、地球(自然)を知ることになり、ふりかえって人間自身のあり方を考えることだ」と。あなたも、この本から多くの「自然と人間」を学ぶことでしょう。

「扇の的」——古典にみる現代の心

『平家物語』のなかでも有名な「扇の的」は、今の教科書にも、古典の学習として取り上げられています。★11

〈屋島での源平合戦が終わるころ。海に漂う平家方から一そうの舟が、陸に構える源氏方に近づいてきた。舟には竿《さお》が立ち、先に扇がついていて、下で女官が手招きをする。「この扇を射よ」と解した源氏は、数ある武士の中から那須与一を選んだ。与一は神に祈って見事、扇を射落とす。両軍、やんやの喝《かつ》さいである。すると、感に堪えがたかったか、舟にいた一人の武士が、扇の立ててあった所で、舞を舞う。源氏は再び与一に命じ、この男を射倒した。「ああ、よく射た」と言う人もあり、「心ないことを」と言う者もいた〉

この最後の場面をめぐって、あるクラスの授業が盛り上がりました。

A女「舞を舞う男を射よ、と命じられた与一は、できることなら殺したくなかったろう」（フーン、おもしろい考えだけど、それほんと?）とばかりに、さまざまな意見が続きました。
B男「扇を射て有頂天になっている与一だから、再度の命令にも迷うことはなかったろう」（たしかに、彼は今の今、自信をつけたばかりだからね）
C男「武士というものは、家と自分の名誉を重んじる。今度も当てようと勇んだろう」（なるほど、家名を上げ、ほうびに土地をもらうのが、武士の願いだよね）
D女「平家はゲームのような気持ちで、扇を出し、舞を舞って敵方をほめる。源氏は戦い第一と考える。このちがいが、平家の滅亡を招いた」（そうか「心ないこと」だったが、そこが歴史の分かれ目か）
というわけで、この四人の考えは[☆7]、みなそれぞれにおもしろく、立派です。先生のご指導もよかったんでしょうね。
ただ、私がちょっと気になったのは、A女の考え「できることなら殺したくなかった」です。これは、当時の武士らしくない考えだ、と批判されたかもしれませんね。同調者のいない、孤立した考えだったかもしれませんね。

しかし、A女のような考えも、とても大事にしたいです。その証拠に、このような考えに立ったお芝居が、この後、江戸時代になって、どんどん生まれたのですから。

たとえば、歌舞伎で有名な「熊谷陣屋《くまがいじんや》」。先と同じ『平家物語』から生まれたお芝居、こんな話です。〈一の谷の合戦で、源氏の武者・熊谷次郎直実は平家の公達・平敦盛を討ち取りました。ところが、じつはそうではなかったのです。直実は、さまざまな義理や忠義のために、わが子・小太郎の首を討ち、それを身代わりに敦盛を助けていたのです。しかし、親としては、どんなに悲しかったでしょう。武士を捨て、僧になりました〉

同じく歌舞伎「伽羅先代萩《めいぼくせんだいはぎ》」にも、こんな場面があります。〈政岡という忠義な乳母が、幼君をお守りしています。そこへやって来た大勢の敵方は、毒の入った饅頭《まんじゆう》を幼君に食べさせようとします。するととつぜん、わが子・千松が走り出て、これを食べ、幼君を助けました。政岡は「よう死んでくれた、でかした、でかしたぞ」とほめつつも、一方では「毒と見たら食べてくれと言うような母が、

どこにいようぞ」と狂わんばかりに嘆きます〉

この二つのお芝居は細かくはずいぶんちがうものですが、義理と忠義のため、わが子を失った父や母の悲しみが、訴えられています。つまり、武士としての務めと人としてのやさしさのせめぎあう悲劇。いわゆる「義理と人情の葛藤」。まさに、先のA女が言った「命令ならばしかたがないが、できることなら殺したくない」という悩みです。

古典の学習は、言うまでもなく、昔の日本人の感じ方、考え方、ことばづかいを知り学ぶものです。しかし、ここでもまた、今の読み手の感じたままのものを、大事にしたいですね。「古典」といわれる本が今に生きるのも、今を生きる私たちの心に通じるものがあればこそですから。

前にも言いましたね（『走れメロス』）。小説や文学の味読・読解には、正解唯一主義――正しい答えは一つしかない――というのはいけないです。古典の場合にも、このことに誤りはないように思います。

［注］

☆1　R・M・ロバーツ（安藤喬志　訳）『セレンディピティー』化学同人　一九九三年

☆2　G・シャロピ（新関暢一　訳）『創造的発見と偶然―科学におけるセレンディピティー』東京化学同人　一九九三年　一九四頁

☆3　「昔ばなしからのメッセージ」高新文化ホール　二〇〇一年一月八日

☆4　小沢俊夫『世界の民話―ひとと動物との婚姻譚』中央公論社　一九七九年

☆5　河合隼雄『昔話と日本人の心』岩波書店　一九八二年　一八五、一九八、二〇一頁

☆6　片岡徳雄『四谷怪談の女たち―子殺しの系譜』小学館　一九九三年

☆7　愛知県西尾市平坂中学校『基礎基本の学習と選択学習』黎明書房　一九九三年　六四―六七頁

6

学び生きる

読書によって、人は自らの生き方を学ぶ。

『イソップ物語』——道徳教材の宝庫

昔話は「人生とはこういうもの」となんとなく感じさせるものだ。子どもはそこに、大きな「生きる力」を感じ取るものだ——。そんなことを今まで申してきました。

しかし、お母さん方はそれではなんとなく満足せず、幼い子や小さい子のしつけや道徳に、「すぐ効く」お話や絵本はないかと求めがち。ちょっとせっかちすぎますが、本によっては、「生き方」のモデルを示すものもあります。

それだったら、なんたってイソップ物語。正しくはイソップ寓話《ぐうわ》。しかし、今、子ども向きの「イソップ」が本としてありますか？　私は幼いとき「イソップ」を——「講談社の絵本」の一冊だったと思います——読みました。

まず「里なき鳥のこうもり」の話です。〈けものたちと鳥たちが、二手に分かれて、戦争になった。初め、けものたちの勢いが強かったので、こうもりは「私はけものです」と仲間に入った。次に、鳥たちの勢いがよくなると、「私には翼があります」と鳥たちのほうへ移った。あとでけものたちと鳥たちが仲直りしたとき、こうもりはどちらからも信用されず、仲間はずれにされた〉。けものの大将ライオンと鳥の大将わしが、とても立派なのに比べ、ペコペコ言っているこうもりは、うすよごれた姿に描かれていました。

次は「オオカミが来たァ」の話。〈男の子が村の大人を驚かせてやろうと、来てもいないのに「オオカミが来たァ」と大声をあげる。大人たちがあわてて駆けつけ、ウソだと知ってがっかりするのを見て、少年は味を占め、これを何回となくくり返した。だから、オオカミが本当に来たとき、村人たちはだれ一人来ず、少年はオオカミに食われた〉。私が見た絵本の絵は、驚いて逃げる少年のすぐうしろにオオカミが迫っていて、遠くのほうには村人たちがのんびり畑仕事をしていました。が、原典の『イソップ寓話集』[★1]では少しちがっていて、題は「羊飼いのいたずら」。オオカミに食われるのは羊たち。この話の最後につけられている教訓は「ウソつきが得るものは、本当のことを言ったときにも信じてもらえぬこと」。

同じく「ウソはいけない」という話は「木こりと神様」。〈正直な木こりが斧《おの》を池に落とす。池から現れた神様が金の斧、銀の斧を出しても、「それではない」と言う。最後に、木こりの粗末な斧を出すと、「それです」と言う。神様は男の正直をほめ、金と銀の斧も与える。それを聞いた欲ばりの男は、斧をわざと池に落とす。神様が金の斧を出すと、「それです」。神様はこれをやらないばかりか、男の斧も返さなかった〉

「ライオンとねずみ」はどうでしょう。〈ライオンがねずみをとらえ、食べようとするが、許してやる。その後、ロープで縛られたライオンを、ねずみがロープをかみきって助ける〉。「恩返し」ということは大事、という話だと単純に受け取っていましたが、原典の教訓は皮肉です。「時勢が変われば、いかな有力者でも弱い者の助けが必要になる」。

イソップはギリシャの奴隷で、その寓話集は、高い道徳の教えというより、世の中をうまく渡っていく処世術を説いたものだ、という厳しい見方もあります。

しかし、子どもの読み物としてみると、おもしろい。私など、あのさし絵で強く印象づけられもしましたから。

（イソップ寓話は、幼児に読み聞かせるのもよいですが、小学校や中学校の「道徳」にもっと使ったらいいのに）

というのは、他でもありません。一つ一つの話が短い。子どもの親しみやすい動物が出る。比喩《ひゆ》に富んでいる。話がおもしろい。年齢に応じて深めることができる……など、好都合な条件が多いです。たとえば、正直というテーマの「道徳の時間」。先の「こうもり」「羊飼い」「木こり」の三つの話を読み比べる。同じく「正直」といっても、少しずつニュアンスのちがいがあって、一テーマ一素材の学習より、深い話し合いができるかもしれません。また、「ライオンとねずみ」などは、これといってテーマを置かない。この話から、たとえば「恩返し」「時勢」「相身互《あいみたが》い」「協力」など、何を読み取ってもよろしい、と自由に話し合うのは、どうでしょう。今の「道徳の時間」でつい陥りがちなマンネリを破るのにも、イソップはとても刺激的だと思います。

『花さか爺《じじい》』と『舌きり雀《すずめ》』——心ないまねは欲ばり

日本の昔話には「欲ばり」がよく出てきます。

まず『花さか爺』。〈さずかった犬を大事に育てているじいさん・ばあさんがいました。二人はとても「情け深い」人でした。ある日、犬が「ここ掘れ」と言うので掘ると、大判・小判がザクザク。これを知った隣の「欲ばり」じいさん・ばあさん。犬を借り出し、掘りますが、ヘビやカエルばかりで腹をたて、犬を殺しました。この後、犬が木になり、臼《うす》になり、さらに灰になりますが、情け深い二人には、臼からお金が生まれ、灰から花が咲く。それにひきかえ、欲ばりな二人には、悪いことばかり〉

次に『舌きり雀』。〈心の「やさしい」じいさんは、雀をかわいがっていましたが、「欲ばり」ばあさんは、自分の作ったのりを雀が食べたので、舌を切って放します。この後、じいさんは雀の宿をたずね、ごちそうになり、もらった軽いつづらからは大判・小判。それを知ったばあさんは「おらも、もろうてくる」と出かけ、もらった重いつづらからはヘビやムカデがゾロゾロ出て、殺されました〉[★2]

一般に、こういうタイプの昔話は「隣の爺型」とよばれます。一方は幸せに、他方は不幸なことばかり、という対比の妙で聞かせる話です。

しかし、私は前から少し不思議に思っていました。それは、良いほうが「情け深い」なら、悪いほうは「情けしらず」ではないか。それを「欲ばり」というのでは、両隣を比べたことにならぬではないか。

それに、「欲ばり」という言い方もどうだろう。たしかに、際限もなく欲の深いのは困ります。人として邪悪なことかもしれません。しかし、私たちは子どもに、「少しはもっと欲を出せ」とハッパをかけます。こういうときの「欲」は意欲、つまりやる気です。欲の中には良いものもあるのに、昔話にかぎって、「情けしらず」

はみんな「欲ばり」になる……?

その疑問解決へのヒントが、「花さか爺」の結びにありました。「だから人はまねせんもんだ」。ふつうなら、「だから、そんな欲するな」と言うところを、あえて「まねするな」と結んでいます。もっと言えば、欲というより、心ない「まね」が、彼ら「隣の爺」の不幸の元だったのですね。

「欲ばり」と言われている「隣の爺たち」は、「隣」の情け深いじいさん・ばあさんのやること、なすことを、「おらも、そうすべ」とすぐまねる。「隣」が犬を大事にする心、「隣」が雀をかわいがる心はまねず、その結果にあこがれ、その形ばかりの行動をまねます。そこに「欲ばり」のいやらしさがあったのですね。

金持ちになりたい、という意欲をもつなら、また、他人から大事にされたい、という意欲をもつなら、それも結構。しかし、そうだったら、形ばかりでなく、心という根本をまねる意欲であれ! とでも言いましょうか。

さァここまで来たら、この「隣の爺型」は、今に通用する昔話でしょう?

だって、現代の私たち日本人は大欲ばりで、形ばかりをまねる「まね師」が多いです。たとえば、「隣が○○を買ったから、うちも！」「隣の子が○○をするから、うちの子も！」。こうして日本中に、いわば「花の咲かない灰かぐら」が立ちこめました。

これは、いったいどうしてでしょう。「昔話」の昔では、「隣」近所に時どきいる「欲ばり」や「まね師」は、まさに「昔話」にあるように、笑われ、馬鹿にされていたのでしょう。ところが今は、そういう「欲ばり」や「まね師」が至る所にいるようになり、彼らのほうが「ふつうの人」になってしまいました。言うまでもありません。テレビを始めとするマス・コミュニケーションの網の目が日本中に張りめぐらされ、日本中の人々が互いにきびすを接する「隣」近所になり、そのうえ「モノ買い」の欲をあおり立てられるようになったからでしょう。

大人も子どもも、自分の個性、自分自身の生き方を大事にしよう、というとき。他から学ぶ広さ、柔らかさはたいせつにするにしても、このような「心ないまね」は反省したいもの。だから、「欲ばり爺さん」の昔話は、今に生きる話と言えるでしょう。

偉人の伝記物語——いい世の中にする立志

「いつの日か　歴史に残ると　夢をもち」

これは、先にふれた小学校の例の読書標語の一つです。

六年生の作品が廊下にずらり張られているなか、ふと目についたこの短冊には、標語の下に三段の絵が添えられていました。

上段の絵は、五冊の本が背表紙をみせて本棚に収まっています。右から順に「宮沢賢治」「ヘレンケラー」「織田信長」「岡林佐歩」「手塚治虫」と並んでいます。高名な作家、教育者、政治家、漫画家にはさまった、この「岡林佐歩」とは？だれしも抱くこの疑問を、中段の絵が代弁し、一人の女の子がその本を指さし、「岡林佐歩って、何した人？」とあります。

それに答えて、下段の絵は「岡林佐歩」という本があり、表紙にはかわいい女の子の顔。その側には「いい世の中にした人」と解説がついています。そして、短冊の左端に小さく、この短冊の作者名――岡林佐歩!

すがすがしいこのユーモアに、私は思わず破顔一笑したことでした。小学五、六年生くらいになると、日本や世界の偉人伝記物語を読む子どもが多くなります。この作者もきっとその一人で、そういう伝記ものを読みあさったのでしょう。そして、自分もいつかそんな人に負けない、歴史に名を残す、りっぱな仕事をしてみたい。と夢を描き、本棚に並ぶ「岡林佐歩」の情景を描いたものとみえます。しかも、偉さの理由づけがよい。「いい世の中にした人」。短いことばですが、なんというりっぱなまとめでしょう。

私がとくに感心したのには、二つの理由があるのです。

その第一は、最近、少年少女向きの偉人伝記物語はあまりはやらないのに、よく読んでくれました、という思いです。

じつは、このジャンル（領域）は、時代とともに移り変わりが激しいのです。かつて私は、この点を日本の教科書について調べました。[☆1] まず、明治時代に始まった国定教科書から太平洋戦争敗戦までは、天皇に忠義な政治家や軍人たちがやたら多いのです。次に、敗戦後から高度経済成長期には、日本や世界の文学者・科学者・平和主義者たちがスターでした。彼らは世のため、人のために尽くした、とはいうものの、一人コッコツがんばって成功し、名をあげた、立身出世主義の感じが強かったもの。が、最近は、そういう「偉人もの」は幅をきかさず、本としても出版が少なく、教科書にもあまり出ないようです。

しかし、「偉人もの」は小学高学年ごろの子どもに、夢を与え、生きる理想を与える本です。もっとも、有名になった、大きな仕事をした、だから偉い、というのではいけません。当時の人々が、どのように困っていて、その人物の努力や仕事で、どんなに助かり、どんなに喜んだか。そういう人の伝記こそ、子どもたちにうんと読んでもらいたいのです。岡林さんはきっと、そういう本をたくさん読んだにちがいありません。

私が感心した第二の理由も、そこにあります。「いい世の中にした人」。偉人の偉人たる理由を、ズバリ言ったこのことば。それは、立派な立志です。

私の先生、新堀通也教授は「志の教育を今こそ」と言っておられます。〈世の中が一般にプライバタイゼーション（私生活中心主義）になり、子どもたちにもジコチュー（自己中心主義）ということばがはやるこのごろ。「心の教育」もよいのだが、心の「いやしとケア」や「やさしい心」にとどまっていてはいけない。若者が使命感をもつこと。立志。これを大事にしたい。「世のため人のため」に尽くそうという、自立、積極、勇気の志を育てねば、これから日本はどうなるだろうか☆2〉

言うまでもないことですが、このような立志は、さきに述べた「まね師の欲ばり」とはちがいます。「歴史にかかわり」「いい世の中にする」夢につながります。その意味で、あの短冊のユーモアには、読書によってのみ培われた、自分自身の「志」があります。私は、そこに感心しました。

『赤毛のアン』――苦労する体験が成長の元

『赤毛のアン』★3という物語は、今から百年ほど前、カナダで生まれ、その後たいへんな人気で、世界中の子どもたちに読みつがれてきました。

というのは、この本の魅力はなんといっても、主人公アンの性格にあります。彼女は孤児ですが、少しも暗いところがありません。素直で、真っ正直で、夢見る想像力があり、そのうえ、実行力があります。少しおしゃべりで、かんしゃくなところは欠点ですが、そこがまた、読者に親しみを感じさせます。欠点のない人なんて、およそ人間らしくないですからね。

たとえば、アンは孤児院から養い親の家にもらわれてくるや早々、近所の夫人から「赤毛でやせっぽち」と言われて頭にき、「あんたこそ、やばんで、大きらい！」とやり返し、あとで厳しく注意され、謝りに行きます。ところが、学校で男の子から同じようにからかわれ、大げんかしたときは、先生からしかられ罰を受けても、けっして謝りません。アンは素直でもあるのですが、男の子に負けないような、意地っ張りでもあるんですね。

私がこの小説で一番驚いたのは、親友ダイアナの妹を喉頭《こうとう》炎から救ったアンの看護ぶりです。このとき、アンは十一歳でした。

〈その夜、アンの家もダイアナの家も、大人たちは所用でみんな留守。お医者さんははるかに遠い。ダイアナが助けを求めにくると、アンはすぐさま駆けつけ、燃えるような体の病人の服をぬがせ、柔らかい着物に替え、お湯を沸かし、イピカック（たんを吐き出させる薬）を飲ませる。そのてきぱきとした実行力のおかげでこの子は助かった、と後からやってきたお医者さんも驚くほどでした〉

それもそのはず。アンは孤児院に入るまで、おばの家で養われ、その家の三組のふたごの世

話をしたことがあり、喉頭炎の手当てのしかたは、もう経験ずみだったのです。アンが決断力に富み、たくましい実行力をもっているのは、こんな生活体験があるからなんですね。

それは、アンだけにかぎりません。この物語が生まれた、今から百年ほど前、日本でいえば日露戦争の少し前。「十一歳」になるかならぬ、カナダの女の子も日本の女の子も、家のお手伝いや仕事をよくしていました。アンほど明るく、てきぱき、やれたかはともかくとして、この「命を救った」子どもの話は、当時としてありえない話ではなかったでしょう。

アンは、学校の成績も男の子に負けません。最初に大げんかしたあの男の子とはその後ずっとライバルで、上級学校に進み、先生になります。そういう「勉強のがんばり屋」が、一方では「喉頭炎を治す」実行力を持っていたんですね。『赤毛のアン』という本が、世界中の女の子たちに読みつがれてきた百年。女の子たちは、男の子に負けまいと、勉強や生活に、人知れずがんばり、学歴と同時に実行力をつけ、今日の男女平等への道を切り開いてきたと思います。

しかし、どうでしょう？　今の日本の少女たちは、このアンの実行力のすばらしさを、どう受け止めるでしょうか。このアンの明るさのもつ尊さを、どう受け止めるでしょうか。お家のお手伝いや苦しい生活の体験の少ない今の日本の子どもたち、女の子や男の子は、この本のここに注目してほしいですね。

　というのは、今の日本の多くの子どもたちは、いかにも奉仕の体験が少ない。いろんな国際比較をみても、今昔の日本の子どもを比べたものをみても、そうなんです。日本の今の子どもたちは、家事の手伝い、食事の後かたづけ、みな、劣っています。だから、学校の教育として、社会の奉仕活動をやらせよう、という計画も生まれてきます。しかし、ボランティア（自発）活動を「やらせる」という強制はいかがなものか、とまた反論も生まれ、むずかしいところです。

『グリム童話』に「ヘンゼルとグレーテル」[★4]という兄妹の話があります。妹のグレーテルは、家を出てから、初めはオロオロして頼りなかったのですが、その後いろいろな苦労の体験をして、まるで人が変わったようなしっかり者になります。「艱難《かんなん》、汝《なんじ》を玉にする」。アンもグレーテルも、この点、同じなのですね。

『君たちはどう生きるか』――後悔を先々に生かす勇気

あなたも読まれたかと思う『君たちはどう生きるか』★5は、昭和十二（一九三七）年に新潮社から出されましたが、今ではいろんな出版社から出されて、多くの人に読みつがれています。

題名の示すとおり、この本は人間の生き方について語ったものです。中学二年生の主人公コペル君の精神的成長を題材に、おじさんの話を交えて、物語風に話が進みます。たとえば、こんな事件が起こりました。

〈コペル君の友だち北見君が、悪い上級生たちに目をつけられ、リンチを受けそうだ。こういううわさを知った、コペル君、浦川君、水谷君は、そんなことになったら、いっしょになぐられても北見君を守ろう、と指切りの約束をしました。

果たせるかな、雪の降った日の校庭で、北見君はいいがかりをつけられ、なぐられます。浦川君も水谷君も、彼をかばって出たため、やられます。ところがコペル君は、恐ろしくてつい出そびれ、傍観者の群れの中にい続けていました。

その夜、コペル君は高熱を出し、病気になります。ひきょうな自分がいやになり、友だちに恥ずかしく、それから二週間、学校に行けなくなりました。

が、思い悩んだ末、打ち明けたおじさんの強い勧めもあって、コペル君は思い切って、北見君に謝りの手紙を書きました。しかし、許してくれるだろうか。不安の続くコペル君のまくら元で、お母さんが「石段の思い出」を話しました。

……お母さんが女学生のころ、学校の帰り道、天神様の石段を登ろうとすると、五、六段先を一人のおばあさんが荷物を重そうに持って上がっている。「荷物を持ちましょう」と声をかけよう、かけよう、と思いつつ言いそびれ、おばあさんは石段を登ってしまった。「しかし、この思い出は、お母さんにはいやな思い出じゃないの。人間の一生で出会う一つ一つの出来事は、みんな一回かぎりで、二度とくりかえすことはない。だから、その時、その時に、自分のきれいな心をしっかりと生かしていかなければいけない。このことは、あの思い出がなかったら、ずっと後まで、気がつかなかったでしょう」「後悔のおかげで、人間としてかんじんなことを、心にしみとおるように知れば、その経験はむだじゃあないんです」

お母さんの話は、コペル君の心に「しみとおるように」通じました〉

私たちはよく「後悔、先に立たず」と言います。たしかに、してしまったことは、後になって悔やんでも取り返しがつきません。だから、悔いのない毎日を送ろう。しかし、その一方では、自分の過ちをつらくてもキッパリ認め、先々に生かす。それが人間の立派さだ。ということを著者は、これから幾山河ふみゆかねばならぬ青少年に、恐らく自分の体験を背景として、伝えたかったのでしょう。

この『君たちはどう生きるか』が『日本少国民文庫』の一冊として出版された昭和十二年は、軍国主義やファシズムの重苦しい時代でした。人間の尊さや自由がおしつぶされようとしているとき、せめて少年少女にヒューマニズムの精神を伝えたい、という思いに駆られ、作家の山本有三や本書の著者・吉野源三郎などを中心にこの「文庫」が企画されました。その意味で、この本は、中学・高校生も読むことのできる「人生読本」の古典なのです。

しかし、私はこの本の、とくに「コペル君の過ちと悩み」と「石段の思い出」

を、とりわけ今の青少年たちに読んでほしいのです。

というのは、他でもありません。今の子どもたちはあまりにも過保護にされ、辛抱というものを知らない。いっそう困るのは、一度のしくじりやつまづきで、いっぺんに参ってしまう。そして、部屋に閉じこもったり、不登校になったり、そのきっかけになった相手や他人をうらんだり、さらには、思いもよらぬ暴発をしたりする。そういう、もろさ、弱さ、が大きな問題だ、と思うからです。

この、コペル君を見てください。過ちをおかしました。病になるほど悩みました。しかし、おじさんに打ち明け、お母さんのお話を聞く、ねばりと素直さがありました。そうして、この後悔を先々に生かそう、と立ち直りました。

そうです。人間はだれしも、過ちをおかし、悩み、その後悔を先に役立てて……、しかしまた、過ちをおかし、悩み……。こういうことを何度もくり返しながら、成長していくものです。この本で、青少年たちが、そういう勇気を与えられたら、とてもうれしく思います。

『葉っぱのフレディ』――生とは？ 死とは？

ＮＨＫテレビ番組「課外授業・ようこそ先輩」で、ホスピスの森津純子さんが「生命と死について」という授業をなさいました。重いテーマに魅せられて、私も熱心に視聴しました。☆3

授業の後半、森津さんはたずねました。「もしも自分の命があと三か月しかない、と知らされたら、どうします？」「手術などしないで、安らかにすごしたい」という子もいましたし、「手術などして、少しでも生きたい」という子もいました。

森津さんは、こうしめくくりました。「どんな死に方をするか。どちらでもよい。周りの人に支えられている。自分一人じゃない。家族や友だちとのつながりで生きている。このことが、とても大事なのです」

この授業で、子どもたちは人生のとても大事なことを学んだ、と思いました。

「生と死」について、たしかに真剣に考えたのです。しかし、それは、死を目前にひかえた人の、生き方、死に方、をとおしてでした。もっと大きく、人の生と死を考えることも大事だな、とは思いましたが、この大問題にどう答えるか。私などに、その答えもなければ、まして子どもたちに教える手立てもわかっていません。子どもにとって死は遠い彼方にありますし、とくに今の子どもは近親者の死をみとった体験も少ないでしょうから。

しかし、ここに、『葉っぱのフレディ――いのちの旅』[★6]という本があります。やさしい絵本の形をとってはいますが、なかなかどうして。たいへんな本なんです。

編集者の田中和雄さんは、序文でこう言います。「私たちはどこから来て　どこへ行くのだろう。生きるとはどういうことだろう　死とは何だろう。……この絵本が　自分の人生を『考

える』きっかけになってくれることを祈ります」

作者のバスカーリアさんは言います。「この絵本を　死別の悲しみに直面した子どもたちと　死について的確な説明ができない大人たち……へ贈ります」

私もその「説明ができない大人」の一人です。読んでみました。

〈春が来て夏がきました。葉っぱのフレディは、この春、大きな木の太い枝に生まれました。多くの葉っぱの仲間とともに元気いっぱいです。親友の、葉っぱのダニエルからも、いろいろ教えてもらいます。フレディは「葉っぱに生まれてよかった」と思いました。

けれど、楽しい夏はかけ足で通りすぎ、秋になり、そしてとつぜん寒さが来ました。フレディも仲間も紅葉し、やがて散っていく日が来ます。

ダニエル「ぼくも引っこすよ」フレディ「それはいつ？」「ぼくのばんが来たらね」「ぼくはいやだ！　死ぬということでしょ？　ぼく、死ぬのがこわいよ」。

ダニエルは、変化するって自然なことだ、死ぬというのも変わることの一つなのだ、と話します。フレディは少し安心し、こうたずねました。

「ねえ、ダニエル。ぼくは生まれてきてよかっただろうか」

ダニエルは深くうなずきました。「ぼくらは　春から冬までの間　ほんとによく働いたし　よく遊んだね。まわりには月や太陽や星がいた。人間に木かげを作ったり　秋には鮮やかに紅葉して　みんなの目を楽しませたりもしたよね。それはどんなに　楽しかったことだろう。それはどんなに　幸せだったことだろう」

やがてダニエルがいなくなり、フレディも枝をはなれ、地面におりました。枯れ葉のフレディは水にまじり、木を育てる力になるのです。「いのち」は目に見えないところで、新しい葉っぱを生み出す準備をしています。

また、春がめぐってきました〉

私は、この本を二度、三度、読み、自分自身の人生をふり返り、「生と死」を考えました。あなたは、どんな感想をもたれるでしょうか。子どもたちは、どんなに受け取ることでしょうか？

［注］

☆1　片岡徳雄（編）『教科書の社会学的研究』福村出版　一九八七年　とくに第三章

☆2　新堀通也『志の教育』教育開発研究所　二〇〇〇年　二七二―二七三頁

☆3　森津純子「生命と死について」ＮＨＫ　二〇〇〇年一二月三日放送

おわりに

映像・情報文化の時代こそ、子どもに本を。

『本が死ぬところ……』——暴力と殺人が生まれる

今、日本の青少年の間に、恐ろしい犯罪が次々に起こっています。心の痛むことです。

近親者に対し、赤の他人に対し、カッとなって暴力をふるう子。計画して人を襲う子。おとなしくみえる子もそうでない子も、それをしかねない、というこわさ。

大小の事件が起こるたびに、家庭や学校や社会のやすらぎやしつけが問われ、俗悪なテレビ番組の影響が槍玉《やりだま》にあがります。しかし、そんなとき、こんな事件と、本を子どもが読まなくなったこととの関連は、一度として語られたことはありませんでした。

バリー・サンダース『本が死ぬところ暴力が生まれる』は、少し扇情的な題ですが、この盲点を突いた本です。アメリカで一九九四年に出版され、日本では一九九八年に訳出されました。[1] この本は少しむずかしく、私も十分にわかったとはいえません。が、かいつまんで言うと、こうなるんでしょうか。

〈アメリカでテレビやコンピュータが盛んになって、青少年の暴力や殺傷の事件が急にふえた。それは、裏返しにいうと、口伝え文化、本読む文化、家庭で交わされることば、あるいはことばを介して戯れる遊び、がなくなったからである。

人間は道具によってではなく、ことばによって人間になる。本を読むことをとおして、外の世界を批判的にみ、内の自分自身を反省する。つまり、良心や自己が生まれる。電子文化に流されるだけでは、「殺人は快楽だ」とする、人間性を失った人間が生まれる〉

もちろん、今のアメリカや日本の青少年たちの「心の荒れ」は、社会のいろんなひずみから起こったことです。電子文化や映像文化だけに罪をかぶせることはできません。

ただ、「テレビづけ」とでもいうべき「超視聴」が「本読む時間」を追っ払い、「本読むくせ」を食いつくす、というひどい偏りは問題だ。というように著者の考えを受け取ると、どうでしょう。そうすると、凶悪事件を起こした個々の子どもを越えた、今の子ども全体の問題、たとえば「本を読まない子が多い」といった問題が、浮かびあがります。

考えてみますと、日本の家庭にテレビが普及しだしたのは、四十年ほど前、「ご成婚ブーム」のときでした。そのころも今と同じで、「テレビは青少年に悪い影響を与えるのではないか」と心配され、このテーマで多くの人がさまざま調査・研究をしました。私もその一人で、「悪い影響はないだろう」と高をくくった予想を立て、その予想を処女出版『テレビっ子の教育[☆2]』で論じ、少しは注目され、いい気になっていました。

それもそのはず。そのころはまだまだ、日本の家庭に親子の語らいがあり、青少年に自前で遊ぶゆとりがありました。子どもにとって、まず家庭や仲間がしっかりあり、その後からテレビが入ってくる、といった感じでした。たとえば、当時の人気番組「アンタッチャブル」や「ベンケーシー」を家族はともに視聴し話題にして、一家団らんしました。子どもたちは「ローハイド」のしぐさや「番頭はんと丁稚《でっち》どん」のギャグを取り込んで、仲間の語らいや仲間意識を高めました。

ところが今や、電子文化や情報文化は、家庭や子ども仲間のまとまりとは関係なく、どんどん入ってきます。家庭は「ホテル型家族」となり、食事もばらばら、それぞれが個室をもち、それぞれがテレビ、テレビゲーム、携帯電話をもち、インターネットにも接続できます。青少年たちの仲間も、私生活中心主義の「ジコチュー」で、深いつながりがない。テレビ番組の内容はますます性と暴力の度合いを高めます。子どもの、心のやさしさや強さ、良心や理想、といったものは、いったいどこで育つのでしょうか。

こうして、現在の青少年の「心の荒れ」や恐ろしい犯罪について、サンダースの言う「本が死に、会話文化の衰えたところ、暴力や殺人が起こる」という説に、耳を傾けざるをえなくなりました。この本の「はじめに」述べましたね。「本の読み聞かせ」による温かい関係や会話が、子育ての原点、心を伝え、心が育つ原点だ、と。こういう原点を、今こそ大事にしなくては、どういうことになるでしょう？

『コンピュータが子どもの心を変える』——だからこそ本を

しかし、これからの日本社会で果たして、子育ての原点として、子どもの読書は、よみがえるでしょうか？　このままでは、とても心配です。社会の変化は、読書などとは関係ないようなところで、どんどん進んでいるようにみえるからです。

というのは、二十一世紀の日本の社会にも教育にも、急ぎ求められているのは、ＩＴ革命（情報技術革命）だからです。学校にコンピュータ教育がすさまじい勢いで取り入れられ、子どもたちがコンピュータを使いこなす能力（コンピュータ・リテラシー）がさらに要請されてきます。学校だけでなく、家庭にも、この革新の波が押し寄せてきます。国や地方の大きな予算が惜しげもなくそそぎこまれます……。

しかし、それだけでいいだろうか。ＩＴ革命ばかり考えていて、これからの子力」は、ほんとうに育っているだろうか。こんな心配も、ＩＴ革命推進の他方では、ささやかれているのです。

先のサンダースの本がアメリカで出版されて四年後の一九九八年、発達心理学者のジェーン・ハーリーは『コンピュータが子どもの心を変える』[☆3]という本を出版しました。この本は、サンダースの本ほど過激ではありません。コンピュータが子どもの成長に及ぼすよさや必要性も認めています。しかし、もう一方に潜んでいる深刻な問題も、冷静に指摘しているのです。

たとえば、「コンピュータの教育に力を入れるだけでは、子どもたちの心を犠牲にして、頭脳ばかり拡大することになりはしないか」「映像刺激づけの今の子どもたちは、心でイメージを作る力、つまり想像力が弱いから、創造性に乏しいのではないか」「情報を集めるだけで、人生をほんとうに生きているといえるだろうか」「子どもたちを物知りにするよりは、よりよい人間に育てることがもっと大事ではないか」など。

こういう疑問を提出しつつ、著者ハーリーがくり返し提案しているのは、なんだったでしょう？　それは「今の子どもたちに、親密な人間関係を築くチャンスを与えなさい」ということでした。子どもたちは、コンピュータ技術の習得で多くの時間を費やすため、仲間と遊んだり、親や大人と会話したり、する時間が少なくなっている。しかし、この親密な人間関係の体験をとおして、子どもたちは、社会性や、感情の統御や、想像力などを、身につけることができる。しかも、こういう力こそ、社会に生きて行くうえで大事なもの。だからこそ、失われつつあるこの関係を今こそ、というのですね。

どうでしょう？　これはまさに、私が「はじめに」で少しふれました、ペスタロッチのいう「子育ての原点」ではないでしょうか。「人と人との間近にふれ合う温かい関係」こそ、コンピュータに子どもが溺れかねない時代に、しっかり見直してほしい原点だ、というのですね。こうして、私はもう一度、「今こそ、子どもに本を」と言いたいのです。ハーリーは「読書」のことには一度もふれてはいません。しかし、子どもの読書体験は、お話を聞くにしろ、絵本や本の読み聞かせを聞くにしろ、自分で読書するにしろ、それらはすべて彼女のいう「親密な人間関係を築くこと」であり、「社会性や感情の統御や想像力」を身につけることですね。

さて、日本の、しかも学校教育の話です。ここでも、「コンピュータ学習をしなくっちゃー、これから生きていけない」という勢いです。しかし、その流れの中ですでに、子どもたちの「経験のゆがみ」や「思考の退行」が現れている、と教育方法学の佐伯胖さんは『マルチメディアと教育』という本で心配されています。

それを克服する方法をいろいろ提案されるなかで、とくに注目されるのは、「子どもに情報再編集能力を育てる」という考えでした。要するに、子どもたちが学校で、「コンピュータを使って、こんなスゴイことができた!」と言ったって「だから、何なのだ」「最新のテクノロジーを使ってできたからといって、どうだというのだ」。人間として「子ども自身は何を学んだか」「何がわかったか」。こういう「意味を問い直し、真実性を探究する」ことが、いっそう大事ではないか。

そして、こういう知的吟味こそ、活字文化が昔から育てて来たものだ。活字文化によって人間は「自分で考え、自分で疑問をもち、自分で納得がいくまで追究する」力をつけてきた、というのです。☆4

コンピュータ学習という認知的な分野でキー・ポイントとなる「情報再編集能力」は、ほかならぬ活字文化によって育つ。「コンピュータを使いこなす力は、コンピュータの学習からではなく、活字文化の学習から生まれる」。この考えに、「子どもに本を」願う私たちとしては、大きな自信と勇気を見いだします。幼いころ、児童・生徒のとき、さらには青年・大人となって、本を読むことで「自分で考え、自分で疑問をもち、自分で追究する」力がつきます。こうして、先のハーリーの社会的・感情的な分野とは異なる認知的な分野での、資料集めや表現のためにも、ますます「子どもに本」なのですね。

ついつい力が入りました。「子どもに本」がどんなに大事か、じゅうぶんわかっているあなたに、今さら言わずもがなのこと。しかし、これから想像を絶するコンピュータ時代が来ることを思い、「だから今こそ、子どもに本を」と、声を大にして言いたくなるのです。子育てがむずかしい今、本が遠くなっている今、だからこそ、私たちは子育ての原点として「子どもと本を楽しむ」ことを、もう一度しっかり見つめたいと思います。

最後に、子どもたちに読み聞かせをしている方のことばを記して、終わりましょう。

「最近の子どもは変わったと言われますが、本質的な部分ではそんなに変わっていません。静かに聞くべきお話はきちんと聞き、笑うところは笑い、問いかければ元気に答えます。変わったのは、環境であり、大人たちです。子どもは基本的には本が好きだ、と思います」☆5

子どもたちの未来を信じたいです——。

［注］

☆1　B・サンダース（杉本　卓　訳）『本が死ぬところ暴力が生まれる』　新曜社　一九九八年

☆2　片岡徳雄　『テレビっ子の教育』　黎明書房　一九六二年

☆3　J・ハーリー（西村　辨　作・山田詩津夫　訳）『コンピュータが子どもの心を変える』大修館書店　一九九九年

☆4　佐伯　胖　『マルチメディアと教育―知識と情報、学びと教え』　太郎次郎社　一九九九年　九九―一〇〇頁

☆5　三省堂書店・亀田久美子氏談　『別冊　太陽112』　平凡社　二〇〇一年　四五頁

【本書で紹介した子どもと読みたい本】

＊めやすとしておおよその対象を示しています。

《はじめに》

★1 『**おつきさま　こんばんは**』 林　明子／文・絵　福音館書店→【**幼児**】

★2 『**ぼくのおじいちゃんのかお**』 天野祐吉／文、沼田早苗／写真　福音館書店→【**幼児**】

★3 『**もりのなか**』 マリー・ホール・エッツ／文・絵、まさきるりこ／訳　福音館書店→【**幼児**】

★4 『**こんとあき**』 林　明子／文・絵　福音館書店→【**幼児**】

★5 『**めっきらもっきらどおんどん**』 長谷川摂子／文、降矢なな／絵　福音館書店→【**幼児・小学低**】

《1　かかわり話す》

★1 『**だくちるだくちる**』 ワレンチン・ベレストフ／作、阪田寛夫／文、長　新太／絵　福音館書店→【**幼児**】

★2 『**ねずみくんのチョッキ**』 なかえよしを／文、上野紀子／絵　ポプラ社→【**幼児・小学低**】

《2　楽しむ》

★1 『**おおかみと七ひきのこやぎ**』 フェリックス・ホフマン／絵、せたていじ／訳　福音館書店→【**幼児・小学低**】、小学館→【**幼児**】ほか

★2 『**エルマーのぼうけん**』 ルース・スタイルス・ガネット／作、渡辺茂男／訳、ルース・クリスマン・ガネット／絵　福音館書店→【**幼児・小学低**】

★3 『**長い長いお医者さんの話**』 カレル・チャペック／作、中野好夫／訳　岩波少年文庫→【**小学中**】

《3　感じる》

★1 『**かわいそうなぞう**』 土家由岐雄／文、武部本一郎／絵　金の星社→【**幼児・小学低**】

★2 『**花さき山**』 斎藤隆介／作、滝平二郎／絵　岩崎書店→【**幼児・小学低**】

★3『ラヴ・ユー・フォーエバー』ロバート・マンチ／作、乃木りか／訳、梅田俊作／絵　岩崎書店↓［小学中・高］

★4『スイミー』レオ・レオニ／作、谷川俊太郎／訳　好学社、「小学国語　たんぽぽ」光村図書　2上↓［幼児・小学低］

★5『走れメロス』太宰　治／作　金の星社↓［小学高・中学］、講談社青い鳥文庫↓［小学中］ほか

《4　想像する》

★1『アンデルセン童話集』大畑末吉／訳　岩波少年文庫↓［小学中］、『アンデルセン童話』偕成社文庫↓［小学高］ほか

★2『3びきのくま』トルストイ／作、バスネツォフ／絵、小笠原豊樹／訳　福音館書店↓［幼児・小学低］、『さんびきのくま』フレーベル館↓［幼児・小学低］ほか

★3『本を読んで甲子園へいこう！』村上淳子　ポプラ社↓［中学・高校］

★4『ロビンソン・クルーソー』ダニエル・デフォー／作、阿部知二／訳　岩波少年文庫↓［中学］、集英社↓［小学中］ほか

★5『身体検査』『世界名作選1』山本有三／編　新潮社日本少国民文庫↓［小学高・中学・高校］

《5　考える》

★1『わらしべちょうじゃ』さいごうたけひこ／文、さとうちょうりょう／絵　ポプラ社↓［幼児・小学低］ほか

★2『つるにょうぼう』関啓吾（編）『日本の昔話』岩波文庫↓［幼児・小学］ほか

★3『安寿と厨子王』（京の絵本）森　忠明／文、堀　泰明／絵　アートデイズ↓［幼児・小学］ほか

★4『三びきのこぶた』瀬田貞二／訳、山田三郎／絵　福音館書店↓［幼児・小学低］、フレーベル館↓［幼児・小学低］ほか

★5『おふろやさん』西村繁男/文・絵　福音館書店↓〔**幼児・小学低**〕
★6『にちようといち』西村繁男/文・絵　童心社↓〔**小学低・中**〕
★7『絵で見る日本の歴史』西村繁男/文・絵　福音館書店↓〔**小学中・高**〕
★8『ぼくらの地図旅行』那須正幹/文、西村繁男/絵　福音館書店↓〔**小学中・高**〕
★9『絵で読む広島の原爆』那須正幹/文、西村繁男/絵　福音館書店↓〔**小学高**〕
★10『黒いトノサマバッタ』（わたしの昆虫記）矢島　稔　偕成社↓〔**小学高**〕
★11「扇の的」『国語』中学2年　光村図書（中山義秀/現代語訳『平家物語』日本古典文庫13）↓〔**中学**〕

《6　学び生きる》

★1『イソップ寓話集』中務哲郎/訳　岩波文庫↓〔**中学・高校**〕
★2　関　啓吾（編）『日本の昔話』岩波文庫↓〔**小学中・高**〕
★3『赤毛のアン』ルーシー・モード・モンゴメリ/作、村岡花子/訳　講談社青い鳥文庫↓〔**小学中**〕、金の星社フォア文庫↓〔**小学高・中学**〕ほか
★4『ヘンゼルとグレーテル』木暮正夫/文、小松　修/絵　フレーベル館↓〔**幼児・小学低**〕、西村書店↓〔**小学高・中学・高校**〕
★5『君たちはどう生きるか』（ジュニア版吉野源三郎全集1）（改訂）吉野源三郎　ポプラ社↓〔**小学高・中学**〕、岩波文庫↓〔**小学高・中学・高校**〕ほか
★6『葉っぱのフレディーいのちの旅』レオ・F・バスカーリア/作、みらいなな/訳、島田光雄/絵　童話屋↓〔**小学低・中・高・中学・高校**〕

[著者紹介]

片岡　徳雄（かたおか　とくお）

1931年生まれ　教育学，教育社会学専攻
高知県出身，広島大学大学院博士課程修了，
国立教育研究所員，広島大学教育学部教授，
同教育学部長，日本子ども社会学会長などをへて，

現在　土佐女子短期大学長，
　　　広島大学名誉教授，
　　　教育学博士

おもな著書
『心を育て感性を生かす』黎明書房　1998年
『文芸の教育社会学』（編）　福村出版　1994年
『個性と教育－脱偏差値教育への展望』小学館　1994年
『子どもの感性を育む』（ＮＨＫブックス）日本放送出版協会　1990年
『日本的親子観をさぐる－「さんせう太夫」から「忠臣蔵」まで』
（ＮＨＫブックス）日本放送出版協会　1988年　　　　　　　ほか

いま，子どもと本を楽しもう
―感性と心育ての読書法―

2001年５月10日　初版第１刷印刷
2001年５月20日　初版第１刷発行

定価はカバーに表示してあります。

著　　者　片岡　　徳雄
発 行 者　丸山　　一夫
発 行 所　㈱北大路書房

〒603-8303　京都市北区紫野十二坊町12-8
電　話　(075)　431-0361㈹
ＦＡＸ　(075)　431-9393
振　替　01050-4-2083

印刷・製本●亜細亜印刷㈱
検印省略　落丁・乱丁本はお取り替え致します。
ISBN4-7628-2217-5　　Printed in Japan